잡는 법과 놓는 법

잡는 법과 놓는 법

의존하거나 회피하고 싶은
내 마음을 이해하는 성격심리학

한경은 지음

수오서재

차례

들어가는 글 균형을 배워가는 당신에게 · 6

1부)) 성격이란 무엇인가
내 성격은 어떻게 만들어졌을까

1 · 성숙은 결국, 성격의 문제 · 15
2 · 성격을 향한 두 가지 시선 · 28
3 · 성숙한 성격을 위한 기본 체크 · 37

2부)) 의존
나는 무엇을 어떻게 붙잡는가

4 · 의존 이해하기 · 57
5 · 의존에 붙들린 내면의 목소리 · 73
6 · 나의 의존성 체크 · 86
7 · 의존과 공생하는 감정들 · 104

3부)) 회피
나는 무엇을 어떻게 놓는가

8 · 회피 이해하기 · 115

9 · 회피에 붙들린 내면의 목소리 · 132

10 · 나의 회피성 체크 · 149

11 · 회피에 숨겨진 심리 · 166

4부)) 균형
무엇을 어떻게 잡고 놓아줄 것인가

12 · 자기인식, 나 알아차리기 · 181

13 · 균형 되찾기 · 193

14 · 그림자와 안녕하는 사이 · 214

5부)) 성숙한 삶이란 무엇인가
나를 이해하고 살아내기

15 · 자기수용 · 235

16 · 정체성도 발달한다 · 247

17 · 진정한 성장을 향하여 · 263

나가는 글 타인을 통해 열리는 나의 세계 · 276

들어가는 글

균형을 배워가는 당신에게

우리는 불안을 처리하기 위해 상반된 방식 사이를 오가곤 한다. 어떤 순간엔 타인에게 지나치게 매달리고, 또 어떨 때는 아무렇지 않은 척 관계를 밀어낸다. 거리를 두자니 미움받을까 걱정되고, 가까워지고 싶지만 어딘가 불편하다. 관계뿐 아니라 마음 안에서도 비슷한 일이 벌어진다. 막상 무언가를 시작하려 하면 주저하게 되고, 포기하려 하면 괜히 죄책감이 든다. 어느 쪽도 편하지 않은 채, 그 사이를 오가며 지칠 때가 있다.

    이 책은 바로 그 복잡한 내면의 진자 운동, '의존'과 '회피'라는 양극단의 힘을 이해하고, 그 사이에서 균형을 되찾는 법에 대한 이야기다.

왜 '잡는 법과 놓는 법'인가

삶은 언제나 반대의 것과 연결되어 있다. 죽음 없는 삶은 없고, 슬픔 없는 기쁨도 없다. 성장은 고통을 품어야 가능하고, 사랑에는 상실의 가능성이 공존한다. 존재 또한 마찬가지다. 내면의 빛과 그림자가 같이 어우러질 때, 우리는 비로소 '전체integration, wholeness'로서의 '나'에 가까워진다. 이 책의 제목인 '잡는 법과 놓는 법'은 바로 그 통합의 길을 뜻한다.

이 주제는 전혀 새로운 것이 아니다. 동서고금을 통틀어 수많은 사상가와 심리학자들이 강조해온 삶의 본질이다. 부처는 치우침 없는 중도中道와 실천법인 팔정도八正道를 가르쳤고, 마에스터 에크하르트는 영혼이 신성을 받아들이기 위해서는 '내려놓음gelassenheit'이 필요하다고 말했다. 융은 의식과 무의식의 통합을 통해 '자기실현'의 길로 나아가야 한다고 했고, 데이비드 호킨스는 '항복surrender'을 존재의 본질로 가는 길로 보았다. 스캇 펙은 인생이란 고통을 직면하는 훈련이라며 '자기훈육'의 필요성을 역설했다. 현대심리학인 수용전념치료(ACT) 역시 고통을 피하지 않고 '기꺼이 경험하기'를 제안한다.

표현은 달라도 이들이 가리키는 방향은 같다. 놓음, 항복, 수용, 기꺼이 경험하기는 모두 중심을 잡는 힘, 한쪽으로 치우쳐 있는 에너지를 자각하고 균형을 맞추라는 요구다. 나 역시 그러한 스승들의 지혜 위에, 내 삶과 임상에서 쌓은 통찰을 덧붙여 여기에 내놓는다.

최근 들어 임상 현장이나 치유 공동체에서 뚜렷한 변화를 느낀다. 사람들의 의식 수준이 놀랄 만큼 깊어졌다. 많은 이들이 치유와 의식 성장의 필요성을 인식하고, 열정을 가지고 그 길을 걷고 있다. 마음의 부침을 해결하는 것을 넘어 더 성숙한 사람이 되고 싶어 한다. 그리고 '내가 어떻게 해야 할까'를 진지하게 고민한다. 이 질문은 참 귀하다. 하지만 그보다 먼저 물어야 할 것이 있다. '나는 지금 어떻게 하고 있는가.' 내 감정과 생각은 어디에 머물고 있는지, 무엇을 붙들고 있고, 나도 모르게 무엇을 지나치게 피하고 있는지. 이런 인식이야말로 '애씀' 없는 자연스러운 변화를 이끈다.

삶이 괴로워지는 순간들은 대개 균형이 무너졌을 때 찾아온다. 마음속에서 정리되지 않은 감정들이 부딪히고, 반복되는 관계의 상처들이 나를 흔든다. 하고 싶지만 하기 싫은 마음, 좋아하면서도 미워지는 감정, 끌리지만 동시에 두려운 것들. 이런 양가감정은 누구에게나 있다. 문제는 이 상태가 거의 항상 반복될 때다. 내면의 중심이 흔들리고 생각과 행동이 일치되지 않으면, 혼란은 나 자신에게뿐 아니라 타인에게까지 악영향을 끼치게 된다.

이러한 불균형은 조절되지 못한 감정의 잔재이자 무의식적 충돌의 흔적이다. 균형을 되찾기 위해 우리는 스스로에게 물어야 한다. '나는 지금 무엇을 놓지 못하고 있는가?', '혹시 꼭 붙잡아야 할 것을 놓치고 있는 건 아닌가?' 그걸 알게 되면 조금씩 적절한 방향으로 붙잡거나 놓는 힘을 쓸 수 있게 된다.

의존과 회피, 성격 구조의 두 축

균형을 잃은 사람들에게는 한 가지 공통점이 있다. 바로, 아직 성격이 충분히 통합되지 않았다는 점이다. 우리가 반복해서 겪는 복잡한 문제들의 뿌리는 대부분 성격 구조에 닿아 있다. 특히 의존과 회피라는 두 축은 왜곡된 성격 패턴의 양극단을 보여준다.

의존적인 사람은 놓아야 할 것을 잘 놓지 못한다. 관계, 감정, 인정 같은 것들을 끝까지 붙잡으면서 불안을 줄이려 한다. 반면 회피적인 사람은 붙잡아야 할 것을 잡지 못한다. 책임, 친밀감, 선택, 감정조차 피해버린다. 두 성향의 방향은 다르지만, 모두 삶의 중심을 잃게 하고 성장을 방해한다.

이 책은 두 성향을 중심으로, 왜 우리의 삶이 흔들리는

지, 그리고 어떻게 다시 중심을 회복할 수 있는지를 다룬다. 단순히 의존을 버리고 회피를 없애자는 게 아니다. 그 안에 담긴 에너지의 본질을 이해하고, 통합하는 방법을 제안하려 한다.

자신을 돌아보는 과정을 통해, 우리는 분명히 더 편안해지고 더 자유로워질 수 있다. 어떻게 지금의 내가 되었는지를 잘 알면 알수록, 불필요한 반응과 반복이 줄어들기 때문이다. 이런 과정을 거치며 우리는 진정한 자기이해와 보다 성숙한 자아로 거듭나는 놀라움과 기쁨을 경험할 것이다.

다시 중심으로, 당신의 속도로

책은 5부로 구성되어 있다. 1부에서는 성격이란 무엇이며, 왜 성숙한 성격이 중요한지를 이론적으로 살핀다. 2부와 3부에서는 각각 의존과 회피라는 성향이 어떻게 만들어지고, 어떻게 삶의 균형을 무너뜨리는지를 구체적으로 탐색한다. 4부에서는 자기인식을 바탕으로 균형을 회복하는 방법들을 제안한다. 5부에서는 자기수용과 정체성의 발달을 통해 의식적이고 통합적인 삶으로 나아가는 성숙의 방향을 모색한다.

의존과 회피는 뚜렷이 구분되는 성격이기도 하지만, 우

리 내면에는 두 성향이 모두 공존하기도 한다. 어떤 관계에서는 의존적인 반응을 보이고, 다른 상황에서는 회피적인 태도를 취하기도 한다. 따라서 이 책에서 말하는 의존형, 회피형이라는 분류를 고정된 정체성으로만 보지 말고, 스스로를 더 깊이 이해하기 위한 유연한 방편으로 삼으면 좋겠다. 내가 어느 순간 의존하고 있는지, 혹은 회피하려 하는지 알아차리는 감각을 키워보자.

읽다 보면 다소 이론적으로 느껴지는 부분도 있을 것이다. 하지만 '이론'은 막연한 추측 대신 명확한 기준을 세우는 데 도움을 줄 것이다. 가끔은 멈춰서 곱씹고, 때로는 여백을 두며 천천히 읽어나가길 바란다.

이 책은 감정에 자주 휘둘리고, 관계에서 반복되는 상처를 겪고, 자신이 왜 그런 반응을 하는지 알고 싶은 사람을 위한 책이다. 부디 이 글이, 당신의 온전한 삶을 향한 여정에 조금이라도 보탬이 되는 안내서가 되길 소망한다. 균형을 잃을 수밖에 없는 너무나도 복잡하고 빠른 이 세계에서, 다시 중심을 회복하려는 당신의 용기를 진심으로 응원한다.

크든 작든 모든 변화의 가능성을 믿으며
한경은

(1부)

성격이란 무엇인가

내 성격은
어떻게 만들어졌을까

(((**1**)))

성숙은 결국, 성격의 문제

우리가 익숙한 불행에 머무는 이유

사람은 변화를 싫어한다. 익숙한 방식이 더 편하고 안전하게 느껴지기 때문이다. 문제가 생기거나 갈등이 반복돼도 마찬가지다. 자기성찰은 익숙함을 의심하는 일이며, 변화는 고통을 동반한다. 그래서 상황을 바꾸려 하거나 타인을 탓하는 쪽으로 기운다. 가령, 회사를 그만두면 나아질 것 같고, 내가 아닌 상대가 문제라고 확신하며, 누군가가 나를 완전히 이해해주길 바라는 식이다.

이런 마음 자체는 어느 정도 자연스럽다. 우리는 불완전한 존재고, 그 불완전함을 다른 사람을 통해서라도 메우려 하니까 말이다. 그러니 남에게 큰 피해를 주지 않는 한 적당히 부대끼며 살아가면 된다. 좋을 때도 있고 싫을 때도 있는 지금의 삶이 그런대로 괜찮다면, 더 바랄 것도 없다.

하지만 정말 괜찮은 걸까? 만약 삶에 대한 불만족과 괴로움이 크고, 관계에서 비슷한 문제가 반복된다면, 사는 게 허무하게 느껴진다면, 그냥 생긴 대로 살자니 나도 지치고 본의 아니게 남도 힘들게 하고 있다면, 이제는 자신을 돌아볼 때다. 그리고 그 시작은 바로 나의 성격을 들여다보는 일이다.

나 역시 같은 과정을 거쳤다. 나는 '일 중독' 성향이 강했다. 몸을 혹사해야 뭘 좀 한 것 같은 느낌이 들었고, 항상 바쁘게 살아야 안심이 됐다. 그러다 보니 주변을 돌아보지 못했고, 사람들의 관심이나 애정을 잘 느끼지 못했다. 가까운 이들의 쓸쓸함도 잘 읽어내지 못해 나 스스로뿐만 아니라 그들에게도 외로움을 느끼게 한 적이 많았다.

하지만 지금은 다르다. 할 일을 내일로 미뤄도 큰 죄책감 없이 넘어가고, 소중한 사람들과 보내는 시간도 마음 편히 즐긴다. 나를 더 깊이 알아가며 한계를 인정하게 되면서, 그만큼 자기신뢰도 커졌다.

　변화는 타인의 요구로 일어나지 않는다. 변화의 동기가 내면 깊은 곳에서 우러나와야 하고, 내 삶에서 변화가 정말 필요하다고 스스로 깨달을 때라야 가능하다. '어떻게 살 것인가?', '나는 내 인생을 살고 있는가?', '무엇이 좋은 삶인가?' 이런 질문에 답을 찾아가다 보면 우리는 조금씩 성숙해진다. 이제 본격적으로 질문을 던져보자. '좋은 느낌'만 좇는 대신, '좋은 삶'을 살기 위해서.

세상에 나쁜 성격은 없지만
미성숙한 성격은 있다

짚고 넘어갈 게 있다. 이 책에서 말하는 변화란 존재의 변화가 아니다. 우리는 언제나 고유하고 온전하게 존재한다. 바꿀 수 있는 건 오직 생각과 행동뿐이다. 그러니 자기 자신을 억지로 바꾸려 애쓸 필요는 없다. 우리가 나아갈 방향은 '성격의 발달', 그것이 핵심이다.

　성숙한 성격이란 자기성찰과 내면작업을 통해 자연스럽게 이루어진 변화의 상태이거나, 아직 변화가 진행 중인 상태를 말한다. 우리는 고정된 존재가 아니다. 자각과 선택을 통해 계속 변화할 수 있는 가능성을 지닌 존재다.

흔히 말하는 '미성숙하다'는 표현 역시 존재를 가리키는 말이 아니다. 그저 '성격이 미숙하다'는 뜻일 뿐이다. 성격은 타고난 기질과 수많은 경험에 의해 만들어지며, 시간이 지나면서 굳어지는 경향이 있다. 딱딱하게 굳은 성격으로 나도 모르게 타인에게 상처를 주거나, 반대로 상처를 너무 쉽게 받는다면, 그럴 때마다 몸도 자주 아프다면, 사는 게 얼마나 힘들겠는가.

이렇듯 성격 자체엔 좋고 나쁨이 없다. 그러나 성숙의 정도에 따라 삶에 미치는 영향은 크게 달라진다. 성숙한 성격은 삶을 더 편안하게 수용하고, 관계를 더 부드럽고 조화롭게 만든다. 반면 미성숙한 성격은 나도 괴롭고 주변 사람들도 혼란스럽게 한다.

전쟁으로 전 세계가 불안할 때 많은 사람들이 칼 융C.G. Jung에게 인류가 과연 살아남을 수 있을지 물었다. 융은 그때마다 이렇게 대답했다. "충분히 많은 사람들이 자신의 내면작업을 한다면요."[1]

융이 말한 내면작업은 우리 안의 빛과 어두움을 모두 끌어안고 통합하는 과정을 뜻한다. 어두움을 부정하거나 밀어내지 않고, 그것을 있는 그대로 바라보며, 나의 일부로 받아들이는 일. 이런 과정을 현실적으로 실천할 때 우리는 자연스럽게 성숙한 인격으로 변화한다.

조금 더 정확하게 말하자면, 우리의 최종 목표는 '온전한 나로 살아가는 것'이다. 그러기 위해서는 성숙한 성격이 토대가 되어야 한다. 많은 사람들이 자기 자신으로 편안하게 살지 못하는 이유는 바로 성격 문제에 있다. 성격의 토대가 되는 나의 마음과 생각, 행동을 살피면서 직면하고 인정하는 연습이 필요하다.

이런 과정이 쌓이면, 어느 순간 예전과는 다른 자신을 발견하게 된다. 마음에 걸림이 덜하고 어디서든 자연스럽게 행동하는 나를 상상해보라. 예전에는 도저히 받아들일 수 없던 것들, 예를 들어 "사람이 어떻게 그럴 수 있어?"라고 했던 일들이 "사람이니까 그럴 수 있지!" 하게 된다면 대성공이다.

나는 왜 이런 방식으로
살아갈까?

'나'라는 사람은 어떻게 '지금의 내'가 되었을까? 이런 질문을 따라가다 보면, 결국 '나는 왜 이런 성격이 되었을까?'라는 물음에 다다른다.

성격은 삶을 지탱하는 중심축이다. 척추가 근육과 뼈의 복잡한 상호작용으로 몸의 균형을 유지하듯 행동과 감정, 삶의 태도는 성격이라는 핵심 구조에 따라 방향이 정해진다. 성격은 단순한 특성이 아니다. 기억, 신념, 가치관, 목표, 감정 반응, 행동의 표현 방식 등 다양한 요소들이 얽히고설켜 작동하는 하나의 시스템이다. 요소들은 서로 영향을 주고받으며, 우리의 반복된 방식 대부분을 결정한다.

예를 들어, 어린 시절 '공부를 잘해야 칭찬받는다'는 경험을 반복했다면, 이 기억은 '결과가 좋아야만 인정받는다'는 신념으로 굳어질 수 있다. 이런 신념을 가진 사람은 늘 인정받기 위해 자신을 몰아붙이며, 불안과 초조 속에서 살아간다. 불안하기에 더욱더 신념을 놓을 수 없고, 오히려 '최고', '완벽', '성과' 같은 가치를 더 강하게 붙든다.

높은 기준에 짓눌리고 있어도 능력을 증명해야 한다는

압박이 더 크기에 패턴에서 좀처럼 벗어나기 어려울 수 있다. 신념과 가치, 행동의 틀을 고수하기 때문이다. 실패하면 가치 없는 사람이 될 것 같은 불안과 자책도 무한 반복된다. 결국, 에너지가 고갈되어 번아웃이 오거나, 극단적으로 의존적이거나 회피적인 방식으로 표현되기도 한다.

성격은 이렇게 다양한 심리 요소들이 서로 순환하고 강화하거나 조정하는 방식으로 작동한다. 신념은 감정과 삶의 목표에 영향을 주고, 감정과 목표는 다시 신념을 굳힌다. 이와 같은 순환 구조 안에서 성격은 그 사람만의 고유한 방식으로 굳어진다. 한 사람이 '그 사람처럼' 살아가게 되는 이유. 그 뿌리에는, 결국 '성격'이라는 시스템이 있다.

성격을 이해한다는 것의
의미

성격은 내가 살아가는 방식을 고스란히 담고 있다. 그래서 성격이라는 중심축이 균형을 잃으면 삶에 문제가 생긴다. 사고방식, 감정 반응, 행동 습관 등 성격의 구성 요소 중 어느 하나가 지나치게 강조되거나 억압될 때, 불균형은 불안,

강박, 회피 같은 심리적 어려움으로 나타난다. 심할 경우, 정서장애나 성격장애, 정신증처럼 병리적인 상태로 이어지기도 한다. 내 삶의 불협화음은 내 안의 불균형으로 인해 만들어진다.

인지치료의 창시자 아론 벡Aaron T. Beck[2]은 성격을 사고패턴과 신념체계가 굳어진 결과물로 보았다. 성격은 무의식적 갈등만이 아니라, 평소 자동적으로 떠오르는 생각과 믿음이 행동과 감정을 통해 드러나는 방식이다. 예를 들어, 왜곡된 믿음이 자리 잡고 있다면 감정과 행동 역시 왜곡되어 나타날 수밖에 없다. 나는 '부족한 사람이다' 같은 부정적인 신념이 강할 경우, 자신을 과소평가하고 불안에 쉽게 흔들릴 수 있다. 또는 충동적인 사고가 우세하다면 즉각적인 만족만 좇게 되고, 장기적인 결과를 고려하지 못해 후회와 갈등이 반복된다.

생각은 감정에 영향을 주고, 감정은 다시 행동을 강화한다. 내가 세상을 대하는 관점, 타인과 관계를 맺는 방식, 나 자신을 대하는 태도까지, 모두 성격의 작동 방식과 연결되어 있다. 그래서 성격을 이해한다는 건 결국 자기 자신을 이해하는 일이며, 삶에서 마주하는 여러 갈등과 문제의 본질을 들여다보는 일이기도 하다.

나의 성격을 이해하는 순간, 나와 조금 더 가까워질 수 있다. 또한 내 성격이 삶에 어떤 영향을 미치고 있는지 공부하며 자기이해의 새로운 단계로 들어설 수 있다.

성격은 변할까, 변하지 않을까?

"난 원래 이런 사람이야", "성격은 고칠 수 없어." 이런 말을 한 번쯤 들어봤거나, 직접 해본 적도 있을 것이다. 반대로 "사람은 변하기 마련이지"라고 말하는 사람도 있다. 그렇다면 성격은 과연 변할까, 변하지 않을까? 심리학은 이 질문에 어떤 답을 줄까?

성격심리학에서는 성격을 "개인의 지속적이고 독특한 경험과 행동 패턴에 기여하는 심리학적 체계"[3]라고 정의한다. 비슷한 맥락에서 나는 성격을 "타고난 기질과 환경적 경험이 결합된 심리적 기본 설정값"이라고 말한다. 기본값은 생각보다 매우 안정적이라서 쉽게 변하지 않는다. 이 때문에 심리학자 대부분은 성격은 잘 변하지 않는다는 쪽에 손을 든다.

예를 들어, 외향적인 사람은 새로운 사람을 만나 에너지를 얻고, 내향적인 사람은 같은 상황에서 쉽게 피로해진다. 성실성이 높은 사람은 계획적으로 일하고, 성실성이 낮은 사람은 즉흥적으로 움직이는 경향이 있다. 연구에 따르면, 이러한 성격 특성은 보통 20대 중반에 자리 잡혀 노년기까지 크게 달라지지 않는다. 그 이유는 뇌에 있다.

뇌의 대부분의 구조는 성인 초기에 완성되며, 이 시점부터 신경가소성(Neuroplasticity: 뇌의 변화 가능성)이 감소한다. 성격의 기본 틀이 안정적으로 고착화되는 것이다. 쉽게 말해, 뇌가 '이 정도면 안정적이다. 이대로 가자!'라고 판단한다. 이 때문에 성격이라는 기본 틀을 바꾸는 데 분명 한계가 있다.

하지만 바로 이 지점에서 흥미로운 가능성도 함께 열린다. 신경가소성은 성격이 잘 변하지 않는 이유가 되는 동시에, 변할 수도 있는 가능성의 근거가 되기도 한다. 가령, 명상을 꾸준히 한 사람이 더 평온하고 개방적으로 변했다는 연구 결과들이 있다. 지속적인 자극과 경험이 뇌의 연결망을 다시 설계한 것이다. 뇌의 '변화 가능성'이 있기에 가능한 일이다. 심리치료나 마음공부 역시 마찬가지다. 성격 그 자체가 변했다고 보기는 어렵지만, 감정과 자극에 반응하는 방식이 더 유연해진 것이라고 보면 된다.

이쯤 되면 의문이 생긴다. 그래서 성격은 변한다고? 변하지 않는다고? 현재까지의 답은 이렇다. 성격은 쉽게 변하지 않는다. 그렇다고 해서 사람 자체가 변화할 수 없다는 뜻은 아니다. 성격이 한 사람의 행동, 감정, 사고방식의 바탕이 되는 건 맞지만 환경이나 경험에 따라 달라지기도 한다.

중요한 건 '내 성격은 이러니까 어쩔 수 없다'며 한계를 긋거나 제한을 두기보다는 성격에 맞는 가능성을 찾아가는 것이다. 성격이 예민해서 쉽게 스트레스를 받는다면, 명상이나 운동 등으로 스트레스를 관리하고, 충동성이 강해 쉽게 화를 낸다면, 화가 날 때 호흡에 주의를 기울이거나 감정을 글로 써보는 방법도 있다.

성격은 내가 세상과 관계 맺는 방식, 즉 세상을 어떻게 해석하고 반응할지를 결정짓는 바탕이다. 따라서 성격과 삶은 깊은 연관이 있다. 내가 성격을 어떻게 받아들이고 다루느냐에 따라 삶의 만족감과 인간관계의 질도 달라진다. 어떤 사람은 자신의 성격을 잘 이해하고 존중하며 비교적 안정된 삶을 살아간다. 반면, 성격을 제대로 이해하지 못하면 자신도 모르게 갈등을 반복하거나 불만이 쌓이기 쉽다. 이런 경우엔 내 성격을 돌아보며 조금씩 더 나은 방향으로 나를 다듬어갈 수 있다.

성격은 고정된 틀이기도 하고, 변화의 출발점이기도 하다. 즉, 성격을 얼마나 잘 이해하고 어떻게 다루느냐가 우리 삶을 결정짓는다.

**내면여행을 시작하는
당신에게**

나를 이해하는 건 아주 중요한 일입니다.
바로 본성이 요구하는 일이기 때문입니다.
그런데 미리 알려둘 것이 하나 있습니다.
내면여행이 기쁘지만은 않을 수 있습니다.
나를 알아가고 통합해 가는 길에는
혼란도 있고, 때로는 고통스러운 갈등도 따릅니다.
그럼에도 불구하고 여행의 끝에서 당신은 분명
지금보다 더 '온전한 나'에 가까워져 있을 것입니다.
그러니 스스로를 믿기만 하면 됩니다.
자신에게 솔직해지세요.
이렇게요.

"나는 너에게 있었던 모든 일과,
너를 이루고 있는 모든 것들을
존중하고 소중하게 여길 거야."

나에게 다정히 말을 건네며,
내면여행을 시작해봅시다.

(((2)))

성격을 향한 두 가지 시선

성격을 이해하려는 시선

사람은 자기를 이해하고 싶어 한다. '나는 왜 자꾸 같은 실수를 할까?', '그때 나는 왜 그런 말을 했을까?' 반복되는 감정, 납득되지 않는 행동, 설명하기 어려운 나의 반응을 알고 싶다. 이럴 때 심리학은 꽤 유용한 안내서다. 우리의 감정, 생각, 행동이 어떤 식으로 작동하는지 설명해주기 때문이다. 심리학은 성격은 왜 그렇게 만들어졌고, 바뀔 수 있는지 등 성격에 관한 여러 물음에 다양한 관점으로 답해준다.

심층 심리학에서 말하는 성격: "성격은 무의식과 의식의 갈등이다."

우리가 왜 지금의 성격이 되었는지, 그 출발점은 어디인지에 관심을 가진 분야가 있다. 정신분석학이나 융 심리학 같은 심층 심리학 이론은 성격을 겉으로 드러나는 행동보다는 내면의 갈등과 무의식의 흐름 속에서 설명한다. 대표적인 학자로 지크문트 프로이트Sigmund Freud와 융이 있다.

프로이트에 따르면, 인간은 자신도 모르는 무의식의 영향을 받는다. 그는 "지금의 나를 만든 건 오래전의 경험과 그때의 감정들"이라고 강조하면서 과거의 상처를 떠올리고, 그때 눌려 있던 감정을 꺼내보는 작업을 중시했다.

융은 성격이 의식과 무의식이 하나로 어우러지는 과정 속에서 발달한다고 보았다. 자신 안에 있는 무의식적인 부분을 인식하고 받아들이며, 그것을 통합해나가는 과정을 강조했다. 이 과정을 '개성화Individuation'라고 하며, 개성화를 통해 사람은 점점 '자기Self'에 가까워진다고 보았다. 즉, 사람은 자기실현으로 더 온전하고 조화로운 삶을 살아갈 수 있다.

행동주의 심리학에서 말하는 성격: "성격은 학습된 행동이다."

스스로 "나는 이런 성격이야"라고 생각하는 특성들은 어쩌면 반복된 학습의 결과일지도 모른다. 행동주의 심리학은 성격을 타고난 기질보다는 환경과 경험의 산물로 본다.

프레더릭 스키너B. F. Skinner는 보상과 처벌이 어떤 행동을 하게 만드는 핵심 조건이라고 보았다. 이런 행동이 반복되면 성격처럼 보이게 된다고 설명했다. 즉, 내면보다는 눈에 보이는 행동과 그 행동을 이끄는 조건에 더 주목했다.

예컨대, 어떤 아이가 자신감 있는 태도를 보인다면, 그것은 자신을 지지해주는 환경에서 일관된 긍정적 피드백을 받아온 결과일 수 있다. 환경이 바뀌면 성격도 바뀔 수 있다는 관점이다.

인본주의 심리학에서 말하는 성격: "성격은 성장 가능성이다."

칼 로저스Carl Rogers는 사람은 본래 성장 가능성을 지닌 존재라고 믿었다. 그는 "조건 없는 긍정적 존중(Unconditional Positive Regard; 나를 있는 그대로 받아주는 환경)"이 있을 때, 사람은 비로소 자기 자신을 받아들이고 성숙해질 수 있다고 봤다. 사람은 누구나 내면 깊은 곳에 '더 나아지고 싶은' 본능적인 힘을 가지고 있다는 것이다.

에이브러햄 매슬로우Abraham H. Maslow, 역시 성장을 강조했다. 인간의 욕구가 단계적으로 충족되면서, 그에 따라 성격이 발달한다고 설명했다. 생리적 욕구에서 시작해, 안전, 소속, 존중을 거쳐 자아실현의 욕구로 나아간다. 이 과정을 통해 사람은 점차 자신을 완성해간다. 자신의 가능성을 실현하려는 과정 자체가 성숙과 성격의 변화를 이끈다.

진화 심리학에서 말하는 성격: "성격은 생존 전략이다."

진화 심리학은 전혀 다른 관점에서 성격을 설명한다. 성격도 결국 인간이 생존하고 번식하는 데 유리한 전략 중 하나라는 것이다.

데이비드 버스David Buss는 특정 성격 특성이 과거 환경에서 생존에 유리했기 때문에 오늘날까지 이어져왔다고 설명한다. 예를 들어, 외향적인 성향은 공동체와의 협력을 쉽게 만들어 생존에 유리했을 수 있다. 성격은 유전적 경향에 기반을 두지만, 환경 변화에 따라 다르게 발현될 수 있다. 이 관점에서 성격은 적응을 위한 유연한 도구다.

성격 심리학에서 말하는 성격: "성격은 감정, 사고, 행동의 패턴이다."

성격 심리학에서는 이 이론은 성격을 우리가 일관되게 보이는 감정, 사고, 행동의 패턴으로 정의한다. 대표적으로

5요인 이론Big Five이 있다.[4] 이 이론은 성격을 외향성, 성실성, 개방성, 우호성, 신경성이라는 다섯 가지 요소로 나눈다. 각각의 특성은 타고난 기질(유전)과 삶의 경험(환경)이 함께 작용해 형성된다고 본다. 성격이 안정적이라는 점을 강조하지만, 변화가 불가능하다고 보지는 않는다. 강렬한 경험 혹은 심리상담, 자기성찰 같은 적극적인 노력을 통해 성격이 어느 정도 달라질 수 있다고 설명한다.

지금까지 살펴본 것은 심리학이 성격을 이해하려는 시선이다. '인간은 왜 이럴까?'라는 질문을 놓지 않고, 그 원인을 파고들어 어떻게 건강하게 변화할 수 있을지를 알아낸다.

성격은 과거의 경험, 반복된 학습, 충족되지 않은 욕구, 유전적 경향 등 많은 요소가 얽혀 만들어진다. 심리학은 그 얽힘을 푸는 실마리를 제공한다. 때로는 단지 나의 성격을 이해하는 것만으로도 변화가 시작되기도 한다.

성격을
초월하는 시선

성격을 이해하려는 시도는 많은 걸 설명해준다. 왜 그런 행동을 하는지, 어떤 경험이 지금의 성격을 만들었는지를 분석한다. 하지만 '이해'만으로는 설명되지 않는 부분도 있다. 때로는 성격이라는 틀 자체가 답답하게 느껴질 때도 있다. '나는 이 성격을 꼭 껴안고 살아야 할까?', '나를 정말 나답게 만드는 건 뭘까?' 이런 질문은 이해보다 더 깊은 차원을 향한다. 성격을 넘어서려는 시선, 존재 자체를 새롭게 바라보려는 시선. 바로 철학과 영성의 관점이다.

실존주의 철학에서 말하는 성격: "내가 나를 만든다."

실존주의 철학에서는 인간을 스스로 자기 삶을 만들어가는 존재로 본다. 장 폴 사르트르Jean-Paul Sartre는 인간이 고정된 성격이나 정체성을 갖고 태어나는 것이 아니라, 살아가며 자유로운 선택과 행동을 통해 스스로를 만들어가는 존재라 하였다. 실존주의는 인간이 자유와 책임을 자각하며 살아갈 때 진정한 의미의 성숙이 가능하다고 본다. 이 관점에서 보면 성격 또한 고정된 특성이 아니라, 매 순간 내리는 선택과 그 결과를 받아들이는 태도에 따라 변화하고 성장할 수 있는 것으로 볼 수 있다.

불교와 힌두 철학에서 말하는 성격: "고정된 나란 없다."

불교는 '무아無我'라는 개념을 통해, 자아를 고정된 실체가 아니라 끊임없이 변하는 관계와 경험 속에서 일시적으로 형성되는 것이라고 설명한다. 이런 관점에서 성격은 지금 이 순간에 드러나는 반응의 한 형태일 수 있다.

힌두 철학에서도 자아에 대한 초월적 시각을 찾을 수 있다. 인간의 내면에는 참된 자아, 아트만Atman이 있고, 그 자아는 우주의 본질, 브라만Brahman과 본래 하나라는 입장이다. 수행과 명상을 통해 내면의 본질에 가까워질 때, 우리는 성격이라는 껍질을 넘어서 더 깊고 넓은 '나'를 만날 수 있다.

자아초월 심리학에서 말하는 성격: "경계를 넘어서는 마음이다."

심리학 안에서도 이런 관점을 시도한 이론이 있다. '자아초월 심리학Transpersonal Psychology'은 인간을 단지 사고와 감정의 조합으로 보지 않는다. 더 높은 의식 상태로 나아갈 수 있고, 그 과정에서 자신을 초월할 수 있는 존재라고 본다.

켄 윌버Ken Wilber는 명상, 내면탐색, 초월적 체험과 같은 실천이 성격의 변화와 조화에 중요한 영향을 미친다고 강조한다. 성격이란 단순히 '성질'이 아니라, 영적인 성숙의 경로에서 점차 다듬어지는 무엇이라는 이야기다.

영성이 말하는 성숙: "존재의 확장이다."

영성은 특정 종교나 교리보다 더 넓은 개념이다. 삶의 깊이를 탐색하고, '나는 누구인가'에 진지하게 답하려는 태도를 말한다. 명상, 기도, 영적 훈련 같은 실천을 통해 우리는 고정된 자기개념에서 한 걸음 벗어나게 된다. '나는 원래 이런 사람이야'라는 믿음을 내려놓을 때, 전혀 다른 나의 가능성이 열린다. 영성은 성격을 직접 분석하지는 않지만, 내면의 변화가 어떻게 자연스럽게 더 성숙한 사람으로 이끄는지 가르쳐준다. 그 변화는 조용하고 느리지만, 깊은 울림이 있다.

심리학과 철학·영성은 서로 다른 방식으로 인간을 바라본다. 심리학이 성격의 구조를 과학적으로 탐구한다면, 철학과 영성은 존재 자체를 성찰하고 초월하려 한다. 나는 이 둘을 경쟁하는 시선이 아니라, 서로를 보완하는 길이라고 본다. 심리학은 변화의 방법을 제공하고, 철학과 영성은 변화의 방향을 알려준다. 한쪽만으로는 부족하다. 두 시선을 함께 갖는 것은 성숙한 삶으로 나아가는 데 분명하고 강력한 힘이 된다. 이 책에서 다루는 성격에 대한 관점 역시, 이 두 가지 시선, 이해와 초월을 아우르는 통합적 이해를 바탕으로 한다.

(((3)))

성숙한 성격을 위한 기본 체크

세 가지
신경증적 성격에 관하여

"나는 왜 항상 똑같은 데서 넘어질까?"

관계에서든 일에서든 비슷한 어려움이 반복된다면, 또 주변 사람들에게 자주 같은 지적을 듣는다면, 한 번쯤 내 성격이 어떻게 나를 막고 있는지 돌아볼 필요가 있다.

성격은 오랜 시간 쌓인 나만의 살아가는 방식이다. 그래서 문제를 자각하는 것 자체가 쉽지 않다. 실제로 "내 성격에 문제가 있어요"라고 상담실을 찾는 사람은 드물다. 대부분은 반복되는 인간관계의 갈등이나 직업적인 좌절을 겪으며 "이 상황을 어떻게 해결해야 하죠?"라고 물으며 상담실을 찾는다. 하지만 상담이 깊어질수록 문제의 뿌리는 외부가 아니라 자신의 내부에 있었다는 사실을 깨닫게 된다. 그 순간부터 남 탓은 줄어들고, 자신을 더 정직하게 바라볼 수 있는 힘이 자란다.

겉으로는 잘 적응하며 아무 문제 없이 살아가는 것처럼 보여도, 내면에 불안이나 왜곡된 사고방식을 품고 있는 경우가 적지 않다. 정신분석가 카렌 호나이Karen Horney는 "우리 모두는 어느 정도 신경증을 앓고 있다"고 말했다. 비교와 경쟁이 일상인 사회에서 신경증 없이 살아가는 것은 오히려 비현실적인 일일지도 모른다.

호나이는 사람들이 어려움에 대응하는 방식을 바탕으로 세 가지 '신경증적 경향성'을 제시했다. 이 경향들은 타인과 관계 맺는 방식에서 뚜렷하게 드러나며, 삶을 대하는 태도 자체에 깊이 관여한다.

1. 사람에게 다가가는 유형(자기말소 의존형)

이 유형은 사람에게 다가가는 유형이다. 타인의 관심과 인정에 민감하게 반응한다. 거절당하는 상황을 무엇보다 꺼리며, 늘 착한 사람, 괜찮은 사람처럼 보이려 애쓴다. 갈등을 피하기 위해 하고 싶지 않은 일도 마다하지 않고, 속상해도 괜찮은 척하며 참는다. 겉으로는 순종적이고 온순한 태도를 보이지만, 내면에는 억압된 분노가 자리 잡고 있다.

2. 사람과 대립하는 유형(확장 지배형)

이 유형은 힘과 통제를 중시한다. 경쟁에서 이겨야 안심이 되고, 우위에 있어야 마음이 놓인다. 협력하거나 양보하는 일을 나약하다고 느끼며 꺼린다. 이런 태도는 얼핏 강해 보이지만, 실은 내면의 불안을 스스로도 인정하지 못한 채 억누르려는 방식이다. 또한 자기 안의 약한 감정을 들여다보는 일에 거부감이 크다.

3. 사람과 거리를 두는 유형(독립 회피형)

겉으로는 차분하고 독립적인 사람처럼 보일 수 있다. 그러나 이들은 감정적으로 얽히는 것 자체를 피하고 싶어 한다. 누군가와 지나치게 가까워지는 일을 경계하고, 강요나 간섭, 책임 같은 것에도 민감하다. 감정적으로 끌려다니지 않기 위해 스스로를 철저히 방어한다.

내 경향성은 무엇일까?

이 세 가지 경향성은 정도의 차이는 있지만 누구나 가지고 있다. 다만 그중 하나에 과하게 몰입하고, 나머지를 억누를 때 문제가 생긴다. 예를 들어, 의존형은 화내는 것이 두려워 늘 착한 역할을 자처하며 감정을 삼킨다. 지배형은 약하게 보일까 봐 불안을 억지로 눌러버린다. 회피형은 아예 감정적으로 누군가와 가까워질 가능성을 차단해버린다. 이처럼 한 방향으로만 자신을 몰아가면 삶은 점점 딱딱하고, 좁고, 외로워진다.

나는 어떤 경향이 강할까? 주로 어떤 상황에서 갈등이 생기고, 좌절 앞에서 어떤 방식으로 반응하는가? 이런 질문들은 내 성격을 이해하는 데 핵심이다. 신경증적 성격은 쉽게 바뀌지 않지만, 그것을 알아차리는 순간부터 변화는 시작된다. 문제를 인식하는 것만으로도 삶의 무게는 한결 가벼워진다. 그리고 그만큼 자기이해의 과정도 단축된다. 이해는 변화의 지름길이다.

신경증,
불안을 견디기 위한 방식

모든 신경증에는 두 가지 공통점이 있다. 경직성과 자기인식의 불일치다. 신경증은 외부 자극에 유연하게 반응하지 못하고, 익숙한 방식만 고집하는 경향이 있다. 또 자신이 지닌 능력이나 성취를 객관적으로 평가하지 못하고, 거의 언제나 부족하다고 판단한다.

경직성을 예로 들자면, 대부분의 사람은 중요한 결정을 앞두고 망설이기도 한다. 그러나 신경증적 경직성은 거의 모든 상황에서 지나치게 우유부단하다. 불일치도 마찬가지다. 준수한 외모를 갖고 있으면서도 스스로를 못 생겼다고 생각하거나, 고학력자가 지적 열등감에 시달리는 경우다. 이런 상태에선 일상이 무기력하고, 현재에 만족하거나 감사하기가 어렵다.

그렇다면 왜 이런 경직성과 불일치가 일어날까? 가장 큰 이유는 '불안'이다. 대부분의 심리학 이론은 인간이 건강하게 성장하려면 어린 시절에 심리적 안전감을 충분히 경험해야 한다고 본다. 양육자가 나를 지켜주고 사랑한다는 것을 믿을 수 있어야 하는데, 그렇지 못하면 아이는 심리적 안전감에 위협을 받으면서 부모에 대한 무의식적 분노가 생겨난다. 이런 분노는 대개 무의식에 억압된다.

신경증은 어떻게 만들어지는가

호나이는 이러한 상황에서 마음에 '근본 불안Basic anxiety'이 자리 잡는다고 보았다. 근본 불안이 마음에 뿌리를 내리면 자아는 스스로를 무섭고 위험한 세상에 홀로 남겨진 외롭고 무력한 존재로 느낀다. 이러한 불안에서 자신을 보호하기 위해 신경증적 성격 구조가 만들어진다. 무의식적으로 그런 방식이 더 안전하다고 판단했기 때문이다.

모든 신경증은 가장 평범한 일상과 누구에게도 말하지 못하는 은밀한 비밀에 연결되어 있다. 그래서 신경증을 가진 사람은 자신의 문제를 직면하거나, 다른 사람에게 털어놓는 것을 주저한다. 마음은 늘 돈, 권력, 타인의 시선, 비교, 우위, 성과, 평판 같은 밖을 향해 있기에, 그만큼 자신의 내면을 들여다보는 일이 어렵다.

설령 어떤 계기로 자신 안의 상처나 두려움을 알아차린다 해도, 그것이 '내 일부'임을 인정하기까지는 또 다른 용기가 필요하다. 우리는 종종 상처, 욕망, 감정이 마치 나를 위협하는 것처럼 착각한다. 그래서 그것들을 밀어내어, 결국은 내가 나를 배척하는 결과를 낳는다.

마음의 괴로움은 상황이나 갈등, 위기 때문에 만들어지는 것이 아니다. 그 일을 바라보는 나의 해석이 괴로움을 만들어낸다. 직장에서 성과를 잘 내지 못할 때, 사춘기 자녀가 반항할 때, 부모가 지나치게 간섭하거나 무관심할 때, 마음이 편치 않을 것이다. 그런데 이러한 상황들은 전부 밖에서 일어난 일이다. 즉, 상황 자체는 괴로움의 실체가 아니다.

진짜 괴로운 이유는 내 안에 있다. 성과를 내지 못하는 나를 한심해하고 열등감에 시달리기 때문에, 말 안 듣는 사춘기 자녀를 통제할 수 없다는 무력감과, 그 무력감을 견딜 수 없어 화를 폭발시켜 놓고 자책감에 시달리기 때문에, 사사건건 간섭하는 부모를 지긋지긋해하지만 사실은 부모의 기대에 부응하지 못하고 실망을 끼쳐 죄책감이 들기 때문에 괴로울지 모른다. 이렇듯 괴로움은 내 안에 두 마음이 충돌하고, 그것을 인정하지 않기 때문에 생긴다.

그런데 우리는 괴로움의 실체인 생각과 행동을 직면하고 수정하기보다 밖의 상황을 바꾸려 한다. 직장을 옮기거나, 아이를 더 얌전하게 만들려 하거나, 부모의 성격이 바뀌기를 바란다. 밖을 바꾸려고 하니 될 리가 없고, 되지 않는다고 또다시 괴로워한다.

심리학의 거장들은 신경증을 다양하게 해석했다. 프로이트는 욕구와 감정을 억압할 때 신경증이 생긴다고 보았다. 융은 "마땅히 겪어야 할 고통에 대한 대체물"이라 하였고, 자신에 대한 믿음을 상실한 상태라고도 하였다. 프리츠 펄스Fritz Perls는 신경증을 성장의 정체 상태로 이해했고, 자아초월 심리학은 내면의 신성을 외면한 결과로 보았다. 영성의 관점에서는 본질과의 연결을 잃은 상태로 해석한다.

나는 신경증을 '불안과 공포에 맞서는 생의 몸부림'이라고 본다. 신경증은 생의 장엄함과 비참함 사이에서 자기 존재를 지켜내기 위한 최선의 방식이다. 하지만 장기적으로는 성격이 피폐해지는 부작용이 생길 수밖에 없다. 이 괴로움에서 벗어나기 위해서는 해결되지 못한 마음속 응어리를 풀어내고, 진실한 나를 찾겠다는 결단이 우선되어야 한다. 그때 분열된 인격은 점차 통합된 인격으로 변화할 수 있다.

불안과 함께하기

신경증의 중심에는 언제나 '불안'이 있다. 그렇다면 불안은 어떤 마음일까? 불안은 나쁜 일이 일어나지 않도록 미리 대비하려는 마음에서 비롯된다. 그때그때 할 수 있는 만큼 가장 좋거나, 적절하거나, 옳은 결정을 내리려고 했던 건, 분명 나를 지키는 데 도움이 되었을 것이다. 때로는 상황을 주의 깊게 살피는 민감함으로, 때로는 불확실한 상황에서의 자기보호 본능으로 나를 지켜줬을 것이다. 그러니 불안해하는 나를 무턱대고 미워해서는 안 된다. 또한 무조건 불안을 없애려 하거나 극복해야 한다는 접근도 별 도움이 되지 않는다. 우리는 불완전하기에 실패하거나 좌절할 수도 있다는 사실을 받아들여야 한다. 우리에게 일어나는 모든 일을 미리 막을 수 없다는 것 또한 받아들여야 한다. 불안은 결함이 아니다. 삶의 기본값이다. 불안과 함께여도 얼마든지 잘 살 수 있다.

치유와 성장을 선택하는 삶

우리는 선택하지 않은 조건들 속에 던져진 채 살아간다. 국가, 지역, 부모, 성별, 외모, 건강, 지능…. 한 인간으로 살아가는 데 결정적인 요건들 대부분이 처음부터 그냥 주어진다. 실존주의 철학자 마르틴 하이데거Martin Heidegger는 이런 상황 속의 인간을 두고 "내던져진 존재Geworfenheit"라 했다.[5]

하지만 동시에 인간은 자기 삶을 향해 스스로를 "던지는 존재Entwurf"이기도 하다. 비록 선택할 수 없는 조건에서 살아가지만 그 안에서 삶의 방향을 스스로 선택하고, 삶의 의미를 찾아나가는 존재다.

삶이 공허하기 짝이 없고, 자기 존재가 무가치하다는 느낌만큼 괴로운 것도 없다. '나'라는 존재가 의미도 목적도 없이 그냥 생에 던져졌다고 느껴질 때, 그것이 과연 '사는 것'이라 할 수 있을까. 자신의 생을 살아내는 것은 결국 우리 각자의 의무이자 책임이다.

그 일을 외면할 때 삶은 반드시 어떤 형태로든 대가를 요구한다. 짓눌려 있는 듯한 불편감으로, 성장과 발전 없이 제자리걸음만 반복하는 공허함으로, 혹은 점점 더 외롭고 불행해지는 것 같은 비애감과 절망감으로. 나의 생을 살지 못하면 삶은 그 부작용을 감정의 언어로 알려준다. 하지만 이런 불편한 감정들이야말로 지금 내가 어디에 있는지, 앞으로 어디로 나아가야 하는지를 알려주는 명확한 지표다. 우리의 본성은 결코 우리 자신을 버린 적이 없으며, 자기 자신이 되기를 포기한 적도 없다.

이 책을 읽고 있는 당신은 아마 치유와 성장에 관심이 많고 '온전한 나'로 살기 위해 노력하는 사람일 것이다. 그 길을 구하고 실천하는 과정에 성찰은 무엇보다 중요하다. 다음과 같은 성찰의 질문을 던져보자. '나는 왜 이렇게 생각하고, 왜 이런 행동을 반복할까', '나는 어떤 상태로, 어떤 태도로 이 삶에 존재하고 있는가, 그리고 존재하고 싶은가.' 성찰은 나를 변화로 이끄는 가장 확실한 도구다.

좋은 삶은 어디에서 시작되는가

이왕 사는 거, 자기 존재와 삶에 기쁨과 만족이 깃든다면 더 좋지 않을까? 많은 재물과 물질을 갖거나 큰 성공과 명예를 거두는 것도 좋다. 사랑과 인정을 받는 것도 중요한 경험이다. 그러나 나만의 가치를 정하고 실제로 행하면서, 나뿐 아니라 남도 이롭게 한다면 더욱더 좋은 삶일 것이다.

치유와 성장을 선택한다는 건 결국 나의 취약함과 계속 마주하는 일이다. 그 과정에서 실망하거나 두려움을 느낄 때도 있다. 가치를 따르는 일은 필연적으로 고통의 가능성을 수반한다. 심리학자 스티븐 헤이즈Steven C. Hayes는 《마음에서 빠져나와 삶 속으로 들어가라》에서 "가치의 방향으로 걸어간다는 것은 좋은 느낌을 느끼는 것(feeling good)이 아니라, 좋은 삶을 사는 것(living good)이다"[6]라고 말했다.

우리 삶은 선택할 수 없는 조건에서 시작되었다. '좋은'

삶이라 해도 완벽한 조건에서 시작되지 않는다. 어떤 환경에 놓여 있든, 지금 여기서 자신이 소중히 여기는 가치를 따르겠다고 마음먹는 그 순간부터, 삶은 조금씩 달라진다. 삶이 불확실하고 때로는 버겁더라도, 그럼에도 불구하고 자기 삶을 살아내려는 의지를 꺾지 않는다면, 그것은 이미 '좋은 삶'이다.

자유자재한 존재로 살아가기

성숙한 사람은 잡는 법과 놓는 법을 잘 알고 있다. 아는 데서 그치지 않으며 그것을 자기 삶으로 드러낸다. 삶에 의미를 부여할 줄 알고, 선택한 방향으로 인생을 다룬다. 나는 이런 사람을 몇 명 보았다. 그들은 정말 '자유자재'했다. 스스로自의 삶에 이유를 갖고由 스스로自 존재在하는 사람. 나도 그런 삶을 바란다. 어려운 일이겠지만, 죽을 때까지 계속해야 하는 생의 과업이라 여긴다. '나는 어떤 인간이 되고 싶은가? 어떤 삶을 살다 가고 싶은가?'라는 물음에 '자유자재'는 삶의 장기적 목표로 삼기에 꽤 괜찮은 가치이지 않을까.

내담자들에게 자주 듣는 말이 있다. '평온하게 살고 싶다', '남들처럼 평범하게 살고 싶다', '나도 행복이라는 걸 느껴보고 싶다.' 그중 가장 많이 듣는 말은 '자유롭게 살고 싶다'이다. 나 또한 그렇다. 그러고 보면 우리가 괴로운 이유도 결국 뭔가에 구속되어 있어 자유롭지 않기 때문이다.

'자유'라는 개념은 죽음을 애도할 때조차 자주 언급된다. 살아생전 고인의 고단한 삶을 위로하며 저승에서는 부디 자유로워지라고 기원한다. 자유로운 삶. 우리 사는 동안에도 가능하지 않을까. 죽어서 자유로워진들 지금 이 삶에 어떤 의미가 있을까. 그러니, 까짓것 사는 동안 해보는 거다.

나란 존재는 내 몸과 정신으로 이루어져 있다. 하지만 이게 전부 다는 아니지 않을까? '나'는 초월적이고 절대적인 무언가와의 관계 속에서 형성되기도 한다. 그러니 느끼고, 생각하고, 말하고, 행동하고, 믿고, 따르는 모든 것으로 드러나는 나란 존재에 대해 깊이 들여다볼 필요가 있다.

이러한 탐구의 과정에는 기준이 필요하다. 삶은 때때로 얽히고설킨 미로처럼 복잡하고 방향을 잃기 쉬우므로, 무엇을 붙잡고 무엇을 놓아야 할지 판단할 기준이 있어야 한다. 그 기준을 따라가다 보면 길을 잃지 않고 결국 다시 '나'에게 돌아올 수 있다. 그리스 신화에 나오는 미노타우로스의 미궁처럼, 우리 내면에도 복잡한 통로와 괴물 같은 감정이 도사리고 있다. 그러나 아리아드네의 실타래가 길을 찾게 해주었듯, '잡는 법과 놓는 법'은 혼란스러운 내면에서 나를 이끌어주는 실마리가 될 수 있다.

오른쪽의 표는 '잡는 법과 놓는 법'의 다양한 양상을 요약한 것이다. 불균형한 방식과 건강한 방식이 어떻게 다른지를 이해하면, 지금 나의 위치를 점검하고 균형을 위한 방향을 잡는 데 도움이 될 것이다. 당신이 지금 어디쯤 있는지, 그리고 어디로 가고 싶은지를 수시로 점검해보자.

삶의 균형을 배우는 일

'잡는 법과 놓는 법'은 무엇일까. 이 개념은 두 개의 이론에서 영감을 얻었다. 첫째, 발달심리학자 에릭 에릭슨Erik Erikson이 근육 발달의 균형을 강조한 대목에서다. 아동기 근육 발달은 '잡기'와 '놓기'의 균형을 통해 이루어진다. 걷고, 뛰고, 장난감을 다루고, 배설을 조절하는 모든 활동은 잡는 근육과 놓는 근육이 함께 작동해야 가능하다. 행동 하나에도 균형이 필요하다는 점은, 성격 발달에도 시사점을 준다.

둘째, 내면아이 치료사인 존 브래드쇼John Bradshaw가 내면의 갓난아이를 위한 묵상에서 언급한 대목이다. 그는 잡

잡는 법과 놓는 법의 양상

불건강하게 잡고 있음	건강하게 놓아줌
사람에게 집착하고, 사랑과 인정을 갈구하며, 힘든 일이 생길 때마다 피해자 역할을 함	상처와 고통을 충분히 느낀 뒤 흘려보냄
타인을 통제하려 들고, 내 방식만을 고집하며, 강압적으로 밀어붙임	내가 바꿀 수 없는 것을 받아들이고, 마음대로 되지 않을 수 있음을 인정함
자기 이미지를 고수하고, 남에게 좋은 사람으로 보이려 하며, 완벽해지려 애씀	이상화된 자아상과 부모상을 내려놓음
욕망을 억누르고, 감정을 무시하거나 외면함	욕망과 감정을 받아들이고, 내면의 욕구를 수용함

불건강하게 놓고 있음	건강하게 잡고 있음
도전하지 않고, 소망과 결정을 회피하며, 나에게 좋은 것을 포기함	내 욕망을 인정하고, 소중한 것을 지켜냄
관계에서 멀어지고, 스스로를 고립시키며 감정과 욕구를 억누름	감정과 욕구를 있는 그대로 수용함
자기 의견을 주장하지 못하고, 선택을 타인에게 맡김	나의 가치와 신념을 따르되, 현실과 사람들과의 연결을 유지함
삶에 무기력하고, 자기 돌봄을 소홀히 하며, 일상을 흘려보냄	사고와 행동을 조율하며 자기 통제력을 발휘함. 미래를 계획하고 일상을 지켜냄

는 것과 놓은 것의 정서적인 균형을 강조하면서 아이들에게 나이에 맞는 욕구 충족과 한계를 배우게 하는 것이 중요하다고 보았다.

나는 이 두 학자가 강조한 '균형'이 성숙한 성격 발달 과정에도 마찬가지라는 통찰을 얻었다. 생각, 감정, 행동의 흐름이 어느 한쪽으로 치우치면 내면의 대립과 갈등이 쌓이면서 신경증적인 성격 경향이 생긴다. 나는 성격을 '붙잡는 경향성'과 '놓아버리는 경향성'으로 살펴보려 한다. 붙잡는 경향성은 의존하는 성격과 비슷하고, 놓아버리는 경향성은 회피하는 성격과 유사하다. 특정한 경향성에서 벗어나지 않으려는 고집, 즉 '강박'은 양쪽 성격에 모두 있다. 모든 사람이 두 성향을 다 가지고 있지만 어떤 에너지를 더 많이 쓰는가에 따라 특정한 성격으로 발달하게 된다.

두 가지 성격 유형은 내가 임상에서 경험한 많은 성격 문제의 핵심이다. 의존성 성격은 타인에 대한 과도한 의존과 자기주도성의 부족으로 드러난다. 회피성 성격은 실패나 거절에 대한 극심한 두려움 때문에 사회적 회피와 감정적 거리두기로 나타난다. 이 둘은 자아인식과 관계 전반에 중요한 영향을 미친다. 의존성은 타인의 인정을 좇다가 자신의 욕구를 잃어버리게 만들고, 회피성은 감정을 피하려다 자신을 고립시키는 경향을 강화한다.

성격 문제의 핵심을 이해하고, 변화의 가능성을 모색하기 위해 의존과 회피라는 문제를 탐구하는 일은 의미 있는 시도다. 알고 그러든 모르고 그러든, 도움이 되든 해가 되든, 우리는 자신의 성격을 고집하며 산다. 그러니 너무 무겁지 않게 '나는 어떻게 생겨먹은 사람일까, 내게 어떤 고집이 있나 한번 볼까?'라는 호기심을 품어보자. 그리고 더 자유로워지기를 기대해보면 좋겠다. 손해 볼 일은 없을 거다.

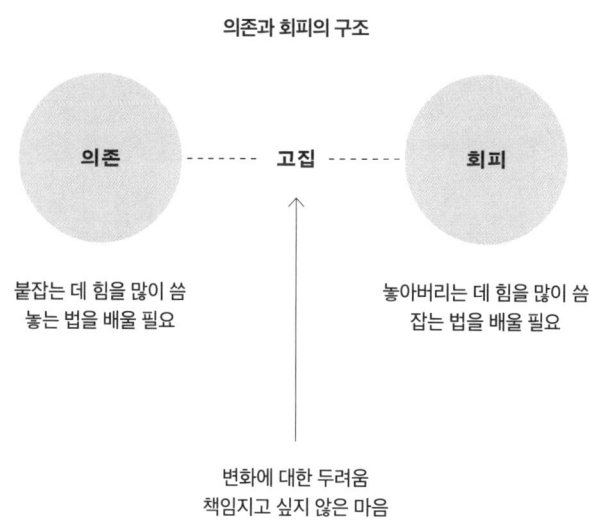

(2부)

의존

**나는 무엇을
어떻게 붙잡는가**

(((4)))

의존 이해하기

인간적인
너무나 인간적인

사람은 누군가 먹여주고 안아주고 곁에 있어주지 않으면 생명조차 유지할 수 없는 절대적 의존성을 타고난다. 갓난아기는 누군가의 손길, 눈빛, 목소리를 통해 처음으로 세상과 연결된다. 그 감각 자극들이 정서를 만들고, 어린 시절에 뿌리내린 정서는 자아상과 핵심신념이라는 심리적 기초를 형성한다.

우리가 세상에 대한 '신뢰'를 갖게 되는 시작점은 감각이다. 가장 기본적인 욕구인 '안전감'은 감각이 편안하고 기분이 좋을 때 충족된다. 그래야만 바깥세상, 즉 타인과 세상에 대한 신뢰감과 긍정적인 기대감이 생겨난다. '나는 보호받고 있구나', '세상은 안전한 곳이구나' 하는 느낌이 내면에 자연스럽게 스며든다. 이러한 감각 기반의 경험이 잠재의식 속에 깊이 새겨져 훗날 세상을 바라보는 기본 태도와 신념의 뿌리가 된다.

그러니 의존성은 결핍이 아니라, 가장 인간적인 본능이다. 의존성은 우리의 약함을 드러내는 동시에, 인간 존재의 연결과 회복의 가능성을 품은 자원이다. 우리는 서로에게 기대며 살아갈 수 있기 때문에 더 강해질 수 있다. 의존성을 건강하게 받아들이는 일은 결국 함께 살아가는 능력을 인정하는 일이다.

하지만 많은 사람들은 의존하는 것을 약함이나 미성숙함으로 오해하곤 한다. 독립성과 자율성을 지나치게 강조하는 사회에서 의존성을 드러내는 건 심지어 때로 부끄러운 일처럼 여겨진다. 그래서 많은 이들이 자신의 의존 욕구를 억누르거나 애써 없는 척한다. 억눌린 욕구는 사라지지 않는다. 오히려 왜곡된 방식으로 되돌아 온다.

의존성을 억압하면 어떻게 될까?

억압되어 왜곡된 의존성은 대개 두 가지 방식으로 나타난다. 하나는 '과잉 독립성'이다. 의존하고 싶은 마음을 약점으로 여겨, 모든 것을 혼자 감당하려 한다. 하지만 이 방식은 외로움, 우울, 공허감 같은 정서적 고립을 키우고, 몸과 마음을 지치게 만든다.

다른 하나는 '과도한 집착'이다. 관계에서 불안과 불신이 커지고, 타인에게 매달리거나, 자신의 감정을 억누르며 자신을 부정하는 태도로 이어진다. 예를 들어, '떠나지 말아달라'는 마음을 솔직하게 표현하지 못한 채, 나 자신을 버리고 관계에만 매달리는 식이다. 건강하게 표현되지 못한 의존성은 관계에 그림자를 드리우고, 삶의 균형을 무너뜨린다.

의존성은 억압하거나 감추어야 할 것이 아니다. '나는 누군가를 필요로 한다'는 사실을 인정할 때, 강함을 증명할 필요가 없어지고, 오히려 더 인간다운 따뜻함과 안정감을 나눌 수 있다. 이러한 인정이 있을 때 마음의 세계로 들어가는 문이 열린다.

내가 느끼는 불안이나 관계에서 반복되는 어려움은 어디에서 비롯된 것일까? 어쩌면 아주 오래전 각인된 감각과 정서, 그리고 그것을 토대로 형성된 신념이 지금도 나를 움직이고 있을지 모른다. 왜 어떤 생각은 멈출 수 없고, 왜 같은 행동을 반복하게 될까? 이제 마음 깊은 곳, 의식하지 못했던 신념들의 세계를 들여다보자.

의존은 어떻게 나를 살리는가

우리 모두는 사랑받고, 인정받으며, 타인과 연결되고 싶어 한다. 하지만 의존성이 강한 사람은 이 욕구가 지나치게 강해, 타인의 인정에 기대어 자신을 지키려 한다. 자신의 감정보다 타인의 반응에 더 민감하고, 자기확신보다는 타인의 판단을 기준 삼는다.

인지행동치료에서는 이러한 특성이 핵심신념Core Beliefs과 중간신념Intermediate Beliefs에서 비롯된다고 본다. 핵심신념은 '내가 누구인지', '세상은 어떤 곳인지'에 대한 가장 근본적인 믿음이다. 주로 사랑받지 못함, 무능력함, 무가치함 같은 감정적 결핍과 연결된다. 이 신념은 어린 시절의 관계나 중요한 사건을 통해 형성되며, 대부분은 뚜렷한 인식 없이 무의식적으로 작동한다.

중간신념은 핵심신념에서 파생된 '살아남기 위한 규칙' 같은 것이다. '그래서 나는 어떻게 살아야 하지?'라는 물음에 대한 내면의 대답이 중간신념이다. 행동을 조정하거나 억제하는 기능을 하며, 의식으로 비교적 자주 떠오른다.

그렇다면 과연 의존적인 성격에서는 이 신념들이 어떻게 작동할까?

'사랑받지 못함'과 관련된 신념

이 신념은 애착 기반의 상처다. 의존성이 강한 사람은 사랑받지 못할지도 모른다는 두려움과 연결되고 싶은 욕망 사이에서 균형을 잃는다. 타인의 기분을 예민하게 살피고, 자신의 욕구를 억누르며 상대에게 '필요한 사람'으로 남으려 애쓴다. 거절은 자존감을 무너뜨리고, 솔직한 감정 표현을 어렵게 만든다. 이들의 신념체계는 다음과 같을 수 있다.

핵심신념 나는 사랑받지 못한다.
중간신념 내가 다른 사람을 기쁘게 하면 사랑받을 수 있을 것이다.

핵심신념 나는 언젠가 버림받을 것이다.

> **중간신념** 필요한 사람이 되면 버려지지 않을 것이다.

> **핵심신념** 나는 매력적이지 않다.
> **중간신념** 외모가 충분히 매력적이지 않으면 사랑받을 수 없다.

'무능함'과 관련된 신념

이 신념에서 자기효능감의 결핍이 생긴다. 스스로를 무능력하다고 생각하며, 누군가 의지할 사람이 곁에 있어야만 불안이 가라앉는다. 실패를 두려워하고 책임을 회피하려 수동적인 태도를 취한다. 새로운 도전을 피하고, 자신의 능력에 대한 신뢰가 낮기 때문에 타인의 판단에 더 의지한다.

> **핵심신념** 나는 무능력하다.
> **중간신념** 누군가의 지시에 따르면 실패를 피할 수 있다.

> **핵심신념** 나는 부족하다.
> **중간신념** 책임을 넘기면 내 부족함이 드러나지 않을 수 있다.

> **핵심신념** 나는 혼자 할 수 없다.
> **중간신념** 누군가에게 의지하면 안전할 수 있다.

'무가치함'과 관련된 신념

이 신념으로 자아존중감이 결핍된다. '나는 쓸모없다'라는 믿음을 가진 이들은 자신의 존재가 소중하지 않다고 느끼기 때문에 외부의 인정과 칭찬에 집착한다. 비판을 견디기 어렵고, 실수를 두려워하고, 완벽하려 애쓴다. 겉으로는 대개 친절하고 순응적인 모습이지만, 그 아래에는 '있는 그대로의 나로는 부족하다'는 믿음이 숨겨져 있다.

핵심신념 나는 쓸모없는 사람이다.
중간신념 도움이 되지 않으면 나는 짐일 뿐이다.

핵심신념 나는 결함 있는 인간이다.
중간신념 완벽해야만 결함을 들키지 않는다.

핵심신념 나는 존재할 자격이 없다.
중간신념 감정이나 욕구를 숨겨야 거부당하지 않는다.

같은 상황에서도 어떤 사람은 '또 실패했어'라고 생각하고, 다른 누군가는 '또 배웠네'라고 해석한다. 이것이 바로 핵심신념의 차이다. 내가 가진 믿음이 결국 현실을 해석하는 방식에 영향을 주고, 그 해석이 다시 나의 세계를 만든다.

핵심신념을 다루는 이유도 이 때문이다. 생애 초기에 의존 욕구가 충분히 채워지지 않으면 '나는 사랑받을 자격이 없다', '언젠가는 버려질 것이다' 같은 부정적인 믿음이 자리 잡기 쉽다. 특히 회피 성향이 강한 사람은 의존 욕구를 인식하지 못하거나 부인하는 경우가 많은데, 이는 '의존성을 드러내는 건 위험하다'는 또 다른 신념과도 연결되어 있다.

이렇듯 신념은 우리의 선택과 관계 방식에 영향을 미쳐, 나도 모르게 제한된 사고와 행동 패턴을 만들어낸다. 이제부터 이어지는 내용은 너무나 인간적인 의존 욕구의 자각과 자기수용의 중요성에 관한 것이다.

의존적인
나 안아주기

긍정적인 자아상을 가진 사람은 자신을 '괜찮은' 존재로 여긴다. 자신의 가치를 믿고, 목표를 세우고 책임을 다하며 창조적인 삶을 꾸려나간다. 이런 사람은 타인이나 세상을 그다지 위협적으로 느끼지 않으며, 상황에 따라 유연하게 해석하고 대처할 수 있다.

반면, 부정적인 자아상을 가진 사람은 자기비난과 죄책감에 시달리고, 작은 실패나 어려움에도 쉽게 좌절한다. 이러한 태도는 스스로 도전할 의욕을 꺾고, 삶을 소극적이고 비관적으로 대하게 한다.

나를 온전히 수용하는 사람은 자신의 밝은 면뿐만 아니라 여리고 나약한 모습까지도 받아들인다. 이런 자기수용의 태도는 자기존중으로 이어지고, 나아가 타인존중으로 확장된다. 타인의 약함을 나의 약함처럼 품을 수 있는 태도는 모든 생명 있는 존재가 가진 여림과 의존성에 대해서도 연민을 느끼게 한다.

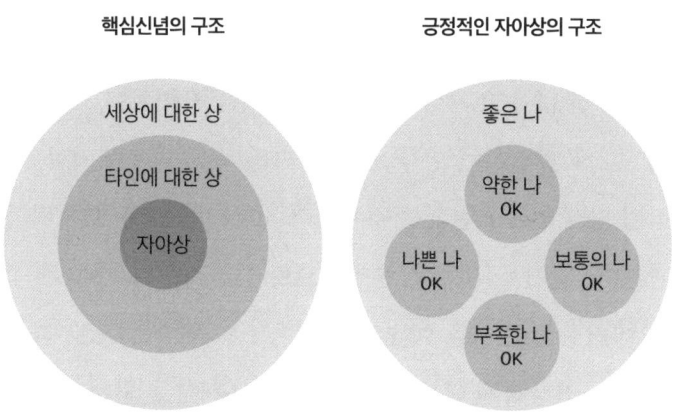

정리하자면, '나를 좋아하는 마음'은 긍정적인 자아상을 만들고, 이는 긍정적인 핵심신념을 갖게 하며, 우리가 세상과 관계를 맺는 방식에도 지속적으로 영향을 미친다. 무엇보다 중요한 건, 나를 좋아하는 마음이 '괜찮은 나'에만 머물러서는 안 된다는 점이다. 나약하고 의존적인 나까지도 함께 안아줄 수 있을 때, 우리는 진짜 자기를 받아들이는 힘을 갖게 된다. 부족하고 서툰 나를 인정하는 마음, 그것이 곧 자기자비이고, 자기연민이다.

건강하지 못한
의존의 생김새

인간관계에 걸림이 많고 쉽게 상처받는다면 그 밑바탕에는 드러나지 않은 의존성이 자리 잡고 있을 가능성이 크다. 많은 인간관계의 갈등은 의존 욕구가 충족되지 못했거나, 왜곡된 방식으로 표현되는 경우에서 비롯되기 때문이다. 하지만 앞서 말했듯, 의존은 본질적으로 인간적이다. 중요한 것은 이러한 의존성을 어떻게 바라보고, 어떤 방식으로 다루냐이다. 건강하게 다루면 인간관계에서 서로를 지지하고 성장시키는 힘이 되지만, 그렇지 않으면 관계를 소진시키는 굴레가 되기도 한다.

건강한 의존 Inter-dependence

건강한 의존이란 자신의 한계와 취약점을 인정하고, 일단은 스스로 해보되, 필요할 때 도움을 청할 수 있는 힘이다. 이렇게 할 수 있는 사람은 나의 의존성을 부끄러워하지 않고, 타인의 약함도 자연스럽게 받아들인다. 그 덕분에 친밀감과 신뢰를 기반으로 성숙한 관계를 만들어간다. 이들은 이렇게 말할 수 있다.

"이 부분에서 막혔어요. 혼자하기 어렵네요."
"당신의 조언이 필요해요. 도와줄 수 있나요?"
"고마워요. 덕분에 수월하게 해낼 수 있었어요."
"서로 도와가며 일을 나눠서 하면 좋겠어요."

한계 인정, 도움 요청, 감사 표현, 상호 존중이 자연스럽게 오간다면, 건강한 의존이 잘 작동하고 있는 것이다.

불건강한 의존 Co-dependence

불건강한 의존은 자신의 능력과 자원을 잘 알지 못하거나 인정하지 않고, 책임을 타인에게 넘김으로써 안정감을 얻는 방식이다.

여기서 왜 자신의 강점이나 힘을 인정하지 못하는지 잘 이해되지 않을 수 있는데, 사실 이런 경우는 꽤나 흔하다. 그 이유는 바로, 내가 가진 내적/외적 자원을 자각하지 못하거나 인정하지 않을 때 얻는 이득 때문이다. 의존할 수 있는 정당성이 생겨, '나는 할 수 없어', '나는 잘 모르니까 나서지 않는 게 좋아', '나는 아프니까 어쩔 수 없어'라고 말할 수 있으니 책임지는 일을 피할 수 있고, 결정의 부담을 타인에게 넘길 수 있다. 이런 태도는 다음과 같은 말 속에 드러난다.

"내가 해봐야 잘 안 될 거예요."

"지금 너무 힘들어서 아무것도 못 하겠어요."

의존 유형의 구분

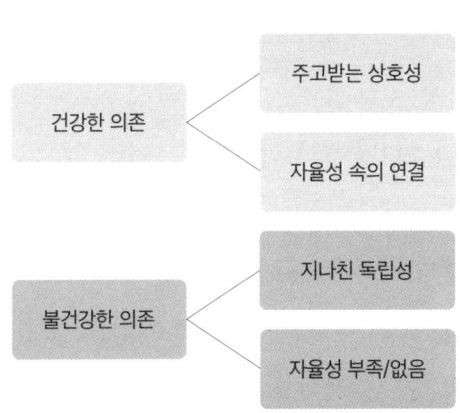

"당신 없이는 아무것도 할 수 없어요."

"나는 잘 모르니까 당신이 결정해주세요."

무기력, 핑계, 과도한 의존, 책임 회피는 결국 자신의 힘을 더 약화시키고, 스스로를 삶의 주변부로 밀어낸다.

과도한 독립성도 의존의 또 다른 얼굴

한 가지 더 짚어볼 점은 '지나친 독립성' 역시 의존의 한 형태라는 점이다. '나는 누구에게도 의지하지 않아야 해'라는 태도는 종종 채워지지 못한 의존 욕구를 감추기 위해 만들어진 방어다. 심리학에서는 이를 '과잉보상'이라고 부른다(과잉보상에 대해 뒤에서 더 자세히 다룰 것이다).

이런 경우 주로 남에게 아쉬운 소리를 하지 못하고, 사람들과 일을 나눠서 하지 못하며, 스스로 모든 것을 짊어진다. 겉으로는 강해 보이지만, 속마음은 '누군가 내 인생을 책임져줬으면' 하는 막연한 소망이 있기도 하다. 하지만 이런 욕구조차 부끄러워 숨기며, 오히려 더 독립적인 척 살아간다.

혼자 감당하는 삶은 버겁다. 쉬어도 쉬는 것 같지 않고, 도움을 청하는 것이 두려워 참고 만다. 무능력해 보일까 봐, 귀찮게 할까 봐, 싫어할까 봐. 이런 마음으로 스스로를 몰아세우며 살진 않았는지 돌아보자.

나보다 남을 우선시하는 것도, 남에게 절대 의지하지 않는 것도 모두 자연스럽지 않은 방식이다. 자연스럽지 않은 일에는 에너지가 더 쓰이는 법이다. 혹시 지금까지 이런 방식으로 살아왔다면, 내가 얼마나 애써왔는지를 인정해주자. 우리가 인간답게, 그리고 좀 더 편안하게 살기 위해서는 있는 그대로의 나를 받아들이고 따뜻하게 위로하는 법을 배워야 한다.

책임지고 싶지 않은 마음은
어디에서 왔을까

내 마음은 심판의 대상이 아니다. 이해의 대상이다. 특히 의존성은 독립성에 비해 안 좋은 것이라는 인식 탓에, 자칫하면 나를 부족하고 못난 사람으로 몰아붙이기 쉽다. 그러나 의존이든 독립이든, 다 살기 위해 터득한 삶의 기술일 뿐이다. 기술은 그때그때 상황과 내면의 힘에 따라 달라지고 진화해간다. 우월감도 열등감도 가질 필요 없다. 지금 내 마음을 그대로 인정하고, 아직 드러나지 않은 나의 가능성을 믿어주는 일, 그게 더 중요하다.

이제 의존성의 또 다른 얼굴, '책임지고 싶지 않은 마음'을 들여다보자. 우리는 왜 책임지는 걸 싫어할까? 이유는 단순하다. 책임은 어렵고 두렵기 때문이다. 책임진다는 것은 선택한 일의 뒷감당도 내가 하겠다는 건데, 뒷감당은 대체로 번거롭고 귀찮은 일이다. 하지만 책임져야 하는 성가심을 피하고만 살면, 삶을 주도하는 힘인 자율성을 점점 잃게 된다. 그러면 결국, 내 삶이지만 내가 통제하지 못하는 느낌에 빠진다.

우리 무의식은 이미 알고 있다. 자신에게 옳지 않은 일, 즉 용기내어 선택하고 책임지는 일을 피했다는 것을. 그래서 마음 깊은 곳에서는 찜찜함이 남고, 자기불신이 자라난다. 그러면 나에게 신뢰받지 못한 나는 도전도, 몰입도, 성취도 어려워진다. 일상의 소소한 기쁨과 감사함조차 희미해진다. 무의식은 이런 상태를 놓치지 않고 공허감, 허무함, 우울 같은 불편한 감정을 통해 자신을 되찾으라는 사인을 보낸다.

책임지기 싫은 마음의 더 깊은 곳에는 두려움이 있다. 내 무능함이 드러날까 봐, 결핍이 들통날까 봐, 나의 밑바닥을 보면 사람들이 싫어할까 봐 두렵다. 그래서 솔직히 표현하지 못하고, 우물쭈물하다 내 인생의 선택권을 남에게 줘버린다.

반대로, 타인의 삶까지 짊어지며 책임의 경계를 넘어서기도 한다. 과하게 희생하거나 남의 몫까지 떠안아버리는 식이다. 다른 사람의 일을 대신 책임지는 습관은 자신에게도 부하가 걸리는 일이지만, 아무리 선의였다 해도 타인의 인생을 침범하는 일이기도 하다.

내 삶을 책임진다는 것은 이렇게 어렵고 두렵다. 그런데 그것이 내 생의 무게인 걸 어쩌겠는가. 숨이 턱턱 막힐 만큼 벅찰 때도 있다. 고통이 너무 커서 차라리 다 내려놓고 싶을 때도 있다. 그래서 더 대단하다. 죽지 않고 살아내고 있는 내 삶이 얼마나 귀한지를, 그 누구보다 내가 알아줘야 한다.

(((5)))

의존에 붙들린 내면의 목소리

불안과 두려움이 내게 말하고자 하는 것

의존성에 붙들려 있다면 불안과 두려움의 목소리가 끊임없이 올라온다. 때로는 이 신호들이 생각을 지배하면서 행동을 제약하기도 한다. 그렇다면 불안과 두려움은 무엇을 말하려는 걸까? 또 이 반응들은 내 삶에 어떤 방식으로 개입하고 있을까?

의존과 관련된 내면의 반응은 크게 세 가지로 나눌 수 있다. 첫째, 불안을 해소하기 위해 관계에 집착하는 목소리, 둘째, 좋은 것을 잃을까 두려워 그것에 매달리는 목소리, 셋째, 스스로를 구속하는 고정된 신념에 사로잡힌 목소리다. 이 외에도 다양한 심리적 반응들이 함께 작동하므로, 그밖에 다른 목소리들까지 폭넓게 살펴볼 것이다.

이 분석은 인지행동치료(CBT), 수용전념치료, 심리도식치료(Schema Therapy) 이론을 바탕으로 한다. 인지행동치료는 비합리적인 사고를 인식하고, 핵심신념을 재구성해 감정과 행동 변화를 돕는다. 수용전념치료는 불편한 감정을 피하지 않고 받아들이면서 자신이 선택한 '가치'에 따라 살도록 안내한다. 심리도식치료는 어린 시절에 형성된 정서적 패턴이 지금의 관계에 어떤 영향을 미치는지 이해하고 치유하는 데 중점을 둔다.

이제 각 목소리가 어떤 심리적 기반 위에 형성되었는지, 그것이 지금 나를 어떻게 붙잡고 있는지 하나씩 짚어보자. 그리고 그 패턴들을 건강하게 다루기 위한 마음가짐과 실천 방법도 살펴볼 것이다.

첫 번째,
관계에 연연하는 목소리

어떤 사람은 관계 안에서만 자신이 존재하는 것처럼 느낀다. 누군가 나에게 소원한 것 같으면 불안해지고, 혼자 있으면 정서적 허기가 찾아온다. 의존 성향을 흔히 '집착'이나 '미성숙'이라고 생각하지만, 그 안에는 나를 지탱하려는 마음이 있다. 하지만 자기확신이 부족할수록, 자신의 가치를 타인의 인정으로 확인하려 하며, 스스로 책임질 수 없다는 믿음으로 타인을 내 인생의 주인으로 삼는다. 이런 태도들을 만드는 단단하게 박힌 내면의 신념을 이해해보자.

무력감: '혼자서는 아무것도 못 해.'
 이런 생각은 자립에 대한 막연한 두려움을 반영한다. 스스로 선택하고 책임지는 상황에 익숙하지 않으면, 자유가 오히려 불편하다. 자율성은 타고나는 게 아니라, 연습으로 길러지는 능력이다. 지금까지 혼자 결정하고 해낸 일들을 떠올려보자. '내가 스스로 해낸 일'의 목록을 써보는 것도 좋은 출발이다. 또는 '이것만은 오늘 꼭 한다'고 마음먹고 실천해본다. 식사, 운동, 산책 같은 일상적인 일부터 시작하는 것

이 좋다. 스스로 해낸 사소한 선택이 쌓이면 무력감은 점점 '할 수 있다'는 감각으로 바뀌어간다

자기결핍감: '난 아무것도 아니야.'

이 목소리는 타인의 애정과 인정으로만 나의 가치를 확인하려는 마음에서 나온다. 스스로에게 확신이 부족할수록 누군가의 관심이나 칭찬 없이는 내가 괜찮은 사람이라는 느낌을 갖기 어렵다. 그 바탕에는 반복된 거절, 비교, 외면의 경험이 깔려 있을 수 있다.

회복의 핵심은 자기비난을 멈추는 것이다. 멈추기 위해 선제되어야 할 것은 이해다. 자기비난조차도 사실은 나를 지키기 위한 나름의 방식이었다는 것을 이해해보자. 그리고 하루에 한 번, 자신에게 이렇게 말해보는 거다.

"괜찮아. 잘했어."

타인의 시선이 아닌, 내가 나를 어떻게 바라보는지가 나의 가치를 다시 세운다.

자기신뢰 결여: '누군가 날 돌봐줘야 해.'

타인의 지속적인 관심과 보호를 갈망하는 마음은 내 힘보다 타인의 손길에 더 의지하려는 경향을 만든다. 즉, 자신

을 과소평가한다. 하지만 실은 지금까지도 나를 지켜낸 사람은 다른 누구도 아닌 나 자신이다. 이 사실을 기억해야 한다. 그러기 위해서 내가 나의 보호자가 될 수 있다는 믿음을 키워야 한다. 불안이 올라올 때 "괜찮아. 지금 이 순간도 나는 잘 지나갈 수 있어"라고 자신에게 말을 건네면, 이 말 한마디가 내면의 보호자를 깨운다. 그리고 진정한 안정감이 내 안에서 자라난다.

두 번째,
좋은 것에 집착하는 목소리

좋은 순간이 오래 가길 바라는 건 자연스러운 마음이다. 하지만 그 바람이 집착이 되면, 어느새 괴로움으로 바뀐다. 좋은 감정이나 경험을 꼭 붙잡고 있으려는 마음 역시 무의식적인 신념에서 비롯된다. 그 신념은 내면에서 어떻게 작동하는지, 그리고 이를 어떻게 다룰 수 있을지 살펴보자.

긍정 감정 집착: '난 항상 기분 좋아야 해.'

불편한 감정을 피하는 습관이 있는 사람은 기분이 조금

만 가라앉아도 초조해진다. 어릴 적에 감정을 마음껏 표현하지 못했거나 감정을 표현할 때 비난을 받았다면, 아이는 차츰 슬픔이나 분노 같은 감정을 숨기고 밝은 척하는 쪽으로 길들여진다. 그 결과 '나는 나쁜 기분을 느껴서는 안 돼'라는 신념이 자리 잡는다. 어른이 되어서도 불편한 감정을 피하고 기분 전환을 위해 술, 과식, 쇼핑 같은 즉각적인 자극에 의존한다.

스스로에게 물어보자. '왜 나는 계속 좋은 기분을 유지하려고 애쓰는 걸까?' 이유를 탐구하는 과정에서 억눌린 감정이나 욕구가 드러날 수 있다. 그다음에는 감정과 거리를 두면서도 스스로에게 수용적인 메시지를 보내는 연습을 해본다.

"지금 이 감정을 느껴도 괜찮아. 감정은 나를 다치게 하지 않아."

마지막으로 기분 전환의 방식을 나를 해치는 방식에서 나를 돌보는 방식으로 바꿔보자. 산책, 가벼운 운동, 창작 활동처럼 일시적인 쾌락이 아닌 지속적인 회복을 도와주는 활동이 필요하다.

감정 회피: '불편함은 견딜 수 없어.'

불편한 감정이나 상황을 견딜 수 없다고 느끼는 마음은, 불편함을 다뤄본 경험 자체가 부족해서일 수 있다. 아이를 향한 양육자의 과보호는 아이가 불편한 상황에 직면할 기회를 빼앗고, 무관심은 감정을 안전하게 표현할 수 없게 한다. 그 결과 아이에게는 '나는 이런 감정을 견딜 수 없어'라는 신념이 자리 잡는다.

이럴 때는 작은 불편함에 일부로 노출해보는 연습이 도움이 된다. 약간 부담스럽지만 시도 가능한 일, 예를 들어 불편한 대화에서 빨리 빠져나오려 하지 말고, 한마디 정도는 속마음을 꺼내보는 것이다. 불편함은 해로운 게 아니라, 삶의 일부이자 과정이다. 없애는 게 아니라 마주해야 하며, 때로는 익히거나 버틸 수도 있어야 한다.

상실 불안: '놓치면 모든 게 무너질 거야.'

이런 생각은 단순한 불안이 아니라, 상실에 대한 극단적인 두려움을 담고 있다. 과거 상실의 경험이 컸을수록, 사람은 더 조급하게 무언가를 잃지 않기 위해 애쓰게 된다. 그 집착은 사랑, 성취, 재산 등 다양한 대상으로 나타난다.

스스로를 진정시키는 연습이 필요하다. 이렇게 물어보

자. "이게 없다고 정말 내 인생이 끝날까?"

대부분의 경우, 삶은 그렇게 단순히 무너지는 것이 아니기에 답은 "아니"가 된다. "이걸 잃어도 내 삶엔 다른 가능성이 있어"라고 말해보자. 이렇게 스스로를 공포로 몰아가고 있는 건 아닌지 묻고 대답해보는 것만으로도 불안이 구체화되면서 덜 무서워진다. 절망은 과장된 예측에서 싹트지만, 회복은 왜곡을 자각하고 내가 실제로 느낄 법한 감정이 무엇인지 분별할 때 시작된다.

세 번째,
생각에 매달리는 목소리

사람은 누구나 자신의 생각과 신념을 통해 세상을 이해한다. 그런데 특정한 생각을 지나치게 꽉 잡고 있으면, 그 생각은 점차 '자기만의 진실'로 굳어진다. 이러한 확신의 오류는 자신을 더 옭아매며 불안을 키운다.

완벽주의: '항상 완벽해야 해.'
이 말 속에는 '조금이라도 부족하면 나는 인정받을 수 없

어'라는 마음이 숨어 있다. 어릴 적, 실수를 과하게 비난받았거나, 잘했을 때만 인정받은 기억은 '완벽'을 생존 전략처럼 만들 수 있다. 그 결과 작은 실수 하나가 자존감 전체를 흔드는 사건이 된다. 이 목소리가 자주 떠오른다면, 스스로에게 물어볼 필요가 있다.

"완벽이라는 건 도대체 뭘까?"

"내 기준이 지나치게 높거나 애매하거나, 막연하지는 않은가?"

불완전함을 바라보는 관점의 전환이 필요하다. 완벽이라는 것은 애초에 존재하지 않는 이상이다. 삶은 반드시 흠집과 빈틈을 요구한다. 우리는 그 불완전함으로부터 의미를 발견할 뿐이다. 완벽에 대한 환상을 내려놓을 때 역설적으로 삶은 비로소 완전해진다.

파국적 사고: '실패하면 끝장이야.'

과거의 실패 경험이 상처로 남아 있거나, 자기효능감이 낮은 경우 더욱 강력하다. 특히 자기비판적 성향이 강하면 '실패=무가치한 나'라는 파국적 사고로 이어진다. 행위의 동기가 '원해서'가 아닌, '싫은 것을 피하기 위해서'라면, 계속해서 그 싫은 것에 에너지를 쏟게 되기 때문에 긴장과 스트레스가 지속된다.

실패를 하나의 과정으로 받아들이는 연습이 필요하다. 작은 실수 하나를 떠올려보고, 그 실수를 통해 배운 점 한 가지를 적어본다. 가령, '오늘 약속 시간을 잘못 기억해 조금 늦었지만, 앞으로는 일정을 더 꼼꼼히 챙겨야 한다는 걸 배웠다'고 적어보는 것이다. 이렇게 실수를 배움으로 연결하는 경험이 쌓이면, 실패는 더 이상 무서운 낙인이 아니다.

감정 억제: '약하면 안 돼.'

약한 모습을 보이면 이용당하거나 무시당할 거라는 두려움은 많은 사람들의 마음속에 뿌리내려 있다. 눈물을 보였을 때 혼나거나, 약한 모습을 드러냈을 때 무시당한 기억 등은 '강해야만 살아남는다'는 신념을 만든다.

하지만 강함과 약함은 대립되는 것이 아니다. 강함 속에는 연약함이 숨어 있고, 약함 안에도 단단함이 존재한다. 강한 사람은 자신의 약함을 인정할 수 있다. 약함은 부끄러운 결함이 아니라, 인간적인 면모일 뿐이다. 나의 약한 부분을 표현해보는 연습을 해보자.

"이 일은 나 혼자 감당하기 어려워."

이런 말을 꺼내는 것만으로도 내면에 힘이 차오른다. 진짜 강함은 약한 구석이 없는 게 아니라, 알고 견디는 것이다.

네 번째,
그 밖의 내면의 목소리

의존의 목소리가 드러나는 방식은 다양하지만, 자기 자신은 과소평가하는 대신 타인에게 더 큰 힘을 부여한다는 공통점이 있다. 지금까지 관계에 집착하거나, 좋은 감정에 매달리거나, 특정한 생각에 사로잡히는 방식을 가진 내면의 목소리를 살펴봤다. 이제는 이 세 분류에는 포함되지 않지만, 의존성과 밀접하게 연결된 또 다른 목소리들을 들여다보자.

자기신뢰 결여: 불확실성을 두려워하는 목소리

'나쁜 일이 생길까 봐 두려워', '혼자 있으면 무슨 일이 일어날까 불안해' 등 아직 일어나지 않은 일에 마음이 혼란할 때, 그 바닥에는 '나는 홀로 감당할 수 없다'는 불안이 깔려 있다. 예측 불가능한 상황에서 자주 놀라거나 위협을 받았던 경험은 세상에 대한 기본적인 신뢰를 흔든다. '세상은 위험하다', '늘 대비하지 않으면 안 된다'는 과잉 경계가 생긴다.

이럴 땐 스스로에게 묻는다. '이 불안은 지금 진짜 필요한가?'

종이에 걱정을 구체적으로 적고, 실제 일어날 가능성을 점검해보자. 그리고 감당 가능한 수준에서 일부러 위험에 뛰어들어보는 연습도 권한다. 그래야 그 일이 생각만큼 위험하지 않았다는 것을 알게 되면서 불안을 점차 줄여나갈 수 있다.

자기비난 과잉: 평가에 휘둘리는 목소리

'사람들이 나를 어떻게 생각할지 너무 신경 쓰여,' '비판받으면 내가 정말 쓸모없는 사람처럼 느껴져' 등 타인의 시선이 지나치게 의식될 때, 그 뒤에는 어린 시절 반복된 비교나 비난의 상처가 있을 수 있다. 사소한 실수에도 수치심을 느끼고, 누군가의 표정 하나에 하루 기분이 와르르 무너지는 식이다.

"남이 나를 어떻게 보느냐보다, 내가 나를 어떻게 보는지가 더 중요하지 않을까?"

비판은 내 존재에 관한 것이 아니라, 단지 나에 대한 상대방의 의견이라는 점을 기억하자.

자기희생 도식: 타인의 비위를 맞추는 목소리

'내 의견을 말하면 상대가 불편해할지 몰라,' '모두가 행복해야 나도 편해' 등 갈등을 피하고 타인의 감정을 먼저 헤아리는 게 익숙한 사람은 종종 자신이 무엇을 원하는지조차 잊고 지낸다. '착한 아이'로 살아남아야 했던 시절이 있다면 특히 그렇다. '나는 괜찮으니 너부터'라는 태도가 몸에 배어, 상대에게 오히려 부담을 주기도 한다.

담담하게 자기표현을 해본다. "나는 이렇게 생각해", "지금은 쉬고 싶어." 먼저 친밀한 관계에게 나의 욕구를 말해보면서, 내 생각을 말한다고 해서 관계가 반드시 나빠지는 것은 아니라는 것을 경험할 수 있다.

내면의 목소리는 언제나 나를 보호하려는 마음에서 비롯된다. 다만 그 방식이 때로는 나를 제한하고, 내 가치를 축소시키기도 한다. 목소리 밑에 깔려 있는 숨은 마음을 이해하고 다르게 반응하는 법을 배워야 한다. 자존감을 꺾고 나를 잃게 만들었던 부정적인 사고방식을 이제부터라도 교정해나가면 된다. 나를 향한 무조건적인 공감, 그것이 부정적인 내면의 목소리를 변화시키는 가장 강력한 힘이다.

(((**6**)))

나의 의존성 체크

의존성, 어디까지 괜찮은가?

"혼자는 좀 불안한데…."

힘든 일이 생겼을 때 누군가 곁에 있어주면 마음이 놓이고, 반대로 혼자 남겨진 느낌이 들면 불안해지는 순간들이 있다. 나약한 게 아니다. 사회심리학자 쿠르트 레빈Kurt Lewin은 사람은 기본적으로 "관계 안에서 안정감을 얻는 존재"[7]라고 하였다. 특히 스트레스 상황에서는 더욱 타인의 존재가 버팀목이 된다. 이처럼 우리는 누군가를 의지함으로써 마음의 안정을 찾는다. 그 안에는 자신을 지키려는 본능적 의도가 깔려 있다. 그러나 거의 언제나 타인을 필요로 한다면, 이 방식이 과연 진짜로 나를 돕고 있는지 점검해볼 필요가 있다. 익숙한 방식에 갇혀 변화하지 못한다면 오히려 내면의 어려움을 키울 수도 있다.

나는 '장애'라는 표현을 좋아하지도, 잘 사용하지도 않는다. 물론 이 책의 독자 중에는 일상 기능이 어려울 정도의 고통을 겪는 사람도 있을 수 있다. 하지만 대부분은 마음공부에 관심을 가진, 평범한 삶을 살아가는 사람들일 것이다. 그럼에도 아래 의존성 성격장애의 진단 기준을 소개하는 이유는 스스로를 객관적으로 바라볼 수 있게 하는 참고 자료로써 유용하기 때문이다.

세계적으로 임상 현장에서 활용되는 DSM-5[8](정신질환 진단 및 통계편람)에서는 의존의 극단적인 형태를 '의존성 성격장애'로 정의한다. 다음과 같은 특징이 있다.

- 일상적인 결정을 스스로 내리지 못하고 타인의 도움을 과도하게 필요로 한다.
- 지지와 보호를 얻기 위해 지나치게 의존한다.
- 스스로를 돌볼 수 없다는 두려움으로 혼자 있는 것을 불편

해한다.
- 자신의 판단보다 타인의 의견을 우선시한다.
- 의존하던 인간관계가 끊어지면 빠르게 새로운 지지 대상을 찾는다.

이러한 특징이 삶 전반에 과도하게 나타날 경우, 관계의 불균형이나 자존감 저하 같은 문제가 생긴다. '지금 나에게는 내 힘에 대한 신뢰가 있는가? 혹시 타인의 도움 없이 아무것도 결정하기 어려운 상태는 아닌가?' 이런 질문을 통해 자신의 의존 정도를 점검해보자.

DSM-5 기준은 주로 '관계 중심의 의존'을 설명한다. 하지만 우리는 사람뿐만 아니라 감정, 습관, 생각 등 여러 대상을 붙잡고 살아간다. 그래서 이 책에서는 의존하는 대상을 '관계(사람)', '좋은 것(기분이나 행위)', '신념(생각)', 세 가지 영역으로 나누어 다룬다. 나는 무엇을, 어떻게 붙들고 살아가고 있는지를 찬찬히 들여다보자.

'무엇'에 의존하는가?
:붙잡고 있는 대상에 관하여

나는 무엇을 통해 안심하려 할까. 누군가는 사람에게서, 누군가는 기분 좋은 자극에서, 또 어떤 사람은 자기확신에서 안정감을 찾는다. 의존은 단지 '사람에게 집착하는 일'이라고 생각할 수 있다. 그러나 의존은 정확하게는 내가 불안을 다루는 방식이다. 나는 무엇을 통해서 불안을 잠재우려고 하고, 또 그럴 때 어떤 문제가 발생하는지 알아보자.

첫째, 관계를 붙잡는 사람

이 유형은 사랑, 인정, 돌봄 같은 관계적 연결을 절실히 필요로 한다. 간절한 '필요'는 불안을 불러온다. 혹은 내면 깊숙이 자리 잡은 불안이 그 필요를 더 절박하게 만들기도 한다. '필요'란 단순히 원하는 것을 넘어, 없으면 안 되는 것으로 느껴지는 것을 말한다.

이 필요가 관계에서 발생할 때도 마찬가지다. 사랑받지 못할까 봐, 버려질까 봐, 쓸모없는 존재가 될까 봐 생기는 두려움은 사랑을 얻기 위한 특정한 행동 패턴을 만든다. 주로 눈치의 달인이 된다. 상대가 말하지 않아도 알아서 척척 다

해주고, 싫은 소리 한번 못하고, 항상 양보하거나 자신의 것을 내어준다. 받는 건 어색해하면서도, 주는 데는 후하다. 이러한 행동은 '나는 가치 있는 사람'이라는 확신을 외부에서 얻기 위한 시도다. 스스로 가치감을 느끼지 못하니, 타인의 인정을 통해 나를 증명하려 한다.

반대 방향의 의존도 있다. 받는 데 익숙하고, 주는 데 인색한 방식이다. 이들은 타인의 정서적 자원을 착취하듯 요구하며, 옆에는 종종 상호의존적인 파트너가 따라붙는다. 무의식적으로 상반된 에너지가 서로를 끌어당기며, 병리적 관계가 고착되기도 한다. 자기애성 성향과 의존적 성향이 서로 얽히는 경우가 대표적이다. 관계 의존이 깊어질수록 상처도 되풀이된다.

둘째, 좋은 것을 붙잡는 사람

불안을 다스리고 안정을 찾기 위해 사람뿐 아니라 '좋은 기분'이 필요하다. 알코올, 카페인, 약물 같은 물질이나 쇼핑, 도박, 게임 같은 행위에 반복적으로 빠져든다. 이런 중독은 '하지 않으면' 견딜 수 없는 갈망의 상태다. 하지 않았을 때 느끼는 공허, 불안, 허전함을 피하려다 보니 자극을 반복하게 되고, 결국 '좋은 기분'에 대한 의존이 더 커진다. 이는 뇌의 도파민 시스템과 연결되어 있다. 도파민은 즉각적인 보상을 추구하게 만들며, 점점 더 강한 자극을 원하게 된다.

이런 의존은 생애 초기의 경험과도 관련 있다. 양육자가 아이의 불편함을 너무 재빨리 해결해줄 경우, 아이는 고통을 감내하고 처리하는 능력을 배우기 어렵다. 그 결과 불편함을 견디는 대신 일단 피하려는 회피 전략이 습관화된다. 회피 전략이 습관화되기 시작하면 조금만 불편해도 바로 회피한다.

회피는 근본적인 해결 방법이 될 수 없다. 내 힘을 쓰고 살아야 마음 근육도 단단해지고 삶의 기반도 탄탄해지는데, 계속 피하기만 하면 무력감까지 습관이 된다. 의존과 회피는 대립되는 듯 보이지만 사실은 맞닿아 있다. 서로를 보완하며 악순환을 만든다.

셋째, 신념을 붙잡는 사람

이 유형은 사람도, 기분도 아닌 '생각'에 기댄다. 자신의 신념, 가치관, 해석에 지나치게 몰입하며 다른 관점을 수용하지 못한다. 신념을 지킨다기보다 집착에 가깝다. 자신의 기준을 진리인 양 믿고, 타인의 의견은 틀렸다고 여긴다. 때로는 자신의 신념을 강요하거나 공격적으로 방어하기도 한

의존 대상에 따른 특성

의존 대상	관계	좋은 기분 또는 자극	신념
의존 대상	관심, 돌봄, 애정, 인정 등 관계적 연결	즉각적인 쾌감, 감각, 자극, 좋은 기분	자신의 생각, 가치관, 신념체계
내면의 목소리	'버려질까 봐 두려워.' '인정받지 못하면 가치 없어.'	'불편한 건 싫어.' '뭔가 하지 않으면 불안해.'	'내 말이 맞아.' '다른 관점은 틀렸어.'
행동 특성	늘 상대에게 맞추고, 눈치를 보며, 갈등을 피함. 거절이나 표현에 어려움이 있음.	불편함을 회피하려 자극을 추구. 감정을 피하기 위한 즉각적 반응에 익숙함.	내 생각을 절대시하며, 다름을 받아들이기 어려워함. 비판적이고 경직된 태도를 보임.
의존이 아닌 것 같지만 의존인 것 (과잉보상)	타인에게 기대지 않으려 하며 과도하게 독립성을 추구	아무것도 원하거나 필요로 하지 않는 초월적 상태	그 무엇도 추구하거나 주장하지 않으면서 자신을 드러내지 않음

다. 이들 중에는 인생의 쓴맛을 톡톡히 보고, 나름의 깨달음을 얻은 사람도 많다. 특별한 주관적 경험이 오히려 편견이나 고집으로 굳어질 수 있다는 점에서, 유연하게 가치를 따

르는 태도와 자기맹신은 종이 한 장 차이다.

이런 경직된 사고를 '인지적 고착cognitive rigidity'이라고 한다. 사고가 유연하지 못해, 새로운 방식에 적응하지 못하고 변화에 저항한다. 고착의 밑바닥에도 불안이 있다. 낯선 것, 통제할 수 없는 상황을 회피하기 위한 방어다. 또한 '확증 편향confirmation bias'[9]도 흔하다. 자신의 신념에 맞는 정보만 받아들이고, 반대 정보는 무시한다. 결과적으로 객관적 사고는 흐려지고, 신념은 점점 더 단단해진다.

또 어떤 이들은 자신의 생각을 겉으로 드러내지 않음으로써 신념을 지키려 한다. 내면에서는 확고한 기준이 있으나, 표현하지 않음으로써 갈등을 피하려 한다. 겉으로는 유순하지만 속으로는 경직되어 있다. 이 역시 회피 전략의 일종이며, 결국 내적 갈등을 더 키운다.

'어떻게' 의존하는가
: 붙잡는 방식에 관하여

의존은 단순히 타인에게 의지하거나 기대는 것만을 말하지 않는다. 관계를 유지하기 위해 자신을 억누르거나 감정을 감추는 방식, 자기도 모르게 타인에게 불편한 감정을 일으켜 조종하는 방법도 의존에 포함된다. 이런 내면의 구조에 따라, 의존은 '주는 의존', '받는 의존', '통제하는 의존'으로 나눌 수 있다.

주면서 붙잡기: 주는 걸로 관계를 지키려는 마음

'주는 의존'은 마음이든 물질이든 뭔가를 주는 행위를 통해 관계의 안전을 확보하려 한다. 타인을 배려하고 갈등을 피하려는 모습은 겉보기엔 따뜻하지만, 마음속에는 소외되지 않으려는 불안이 깔려 있다. 문제는 항상 타인을 우선시하다 보니 내 감정과 욕구는 억압되어 점점 분노와 허탈함이 쌓인다는 거다. 주는 의존의 또 다른 핵심은 주는 행위가 진심인 동시에 무의식적 거래라는 점이다.

'나는 이렇게까지 애쓰는데 어쩜 그렇게 몰라주지?'

이런 화난 마음은 은연중에 품고 있는 보상 심리와 도덕적 우월감과 맞닿아 있다. 하지만 분노를 드러낼 수는 없다. '좋은 사람'으로 보이고 싶은 이미지를 포기할 수 없기 때문이다.

한나 씨는 자녀의 친구들까지 챙기는 '좋은 사람'이다. 어느 날 상담 중, "얻어먹기만 하는 사람들이 얄밉다"고 했다. 내가 맞장구를 치자, 갑자기 태도를 바꿔 "사람 좋은 척하는 내가 한심하죠"라며 자신을 탓했다. 위선적인 자기 모습을 직면한 걸 수도 있지만, 그보다는 부정적인 감정을 표현한 자신을 부정하는 방어일 수 있다. 나는 그녀에게 보통 다른 사람에게 미워하는 마음이 들면 자신을 먼저 탓하느냐고 물었고, 한나 씨는 이렇게 답했다.

"차라리 그게 더 편해요. 안 그러면 그 사람을 다시 볼 때 너무 불편하잖아요. 그냥 제가 바보 같고 이상한 거니까요."

한나 씨는 타인에게 불편한 감정을 느끼는 것 자체를 잘못으로 여겼다. 받고 싶은 마음을 억누르고, 계속 주기만 하는 것, 이런 행동과 욕구의 불일치는 분노를 일으킨다. 분노는 나의 욕구와 가치가 훼손되었음을 알려주는 정당한 감정이다.

주는 의존은 '좋은 사람'이라는 이미지를 붙잡고 있는 것과도 같다. 그동안 남에게 좋은 사람으로 보이면서 외로움과 소외를 피할 수 있었고, 사랑과 인정을 받을 수도 있었다. 하지만 이들의 내면은 결핍과 탐욕이라는 모순적이면서도 양가적인 상태에 놓이게 된다. 너무 다른 두 마음이 마주해 싸우고 있으니 괴로울 수밖에 없다. 이런 내적 충돌은 '저 사람이 나를 미워하면 어쩌지?', '나한테 서운해하지 않을까?' 하는 불안을 키운다. 그러면서 동시에 '나는 언제까지 이렇게 남의 눈치를 봐야 하지?' 하는 분노도 자리 잡는다. 이런 분노는 내가 줘놓고도 뺏긴 것 같은 느낌에 시달리는 피해의식으로 이어지기도 한다. 행동과 내면이 일치하지 않으면 마음이 복잡하고 괴로워진다.

먼저 자신을 위로해야 한다. "그동안 참 많이 애썼어. 지칠 만해." 그다음, 그간 얼마나 많은 에너지를 남에게 쏟았는지 돌아봐야 한다. 사람들에게 지쳐가는 마음은 내가 너무 많이 주었음을 알려주는 것일 수 있다. '주는 사람'이 되기 위해 '받고 싶은 나'를 버렸기 때문이다. 좋은 이미지를 벗고 자기돌봄을 허락해야 한다. 나를 돌보는 것은 이기적인 게 아니다. 더 진실한 배려와 사랑을 나누기 위해서라도 꼭 필요한 일이다. 그러니 자신에게 이렇게 말해보자.

"좋은 사람이라는 이미지를 조금 내려놔도 괜찮아. 그 가면 없이도 나는 가치 있는 사람이야."

이미지라는 것은 실체가 없다. 실체도 없는 것을 붙들고 있으면 지친다. 가면은 없애는 것도 아니고, 계속 쓰고 있는 것도 아니다. 필요할 때만 꺼내 쓰는 것이다.

받으면서 붙잡기: 받는 걸로 연결을 확인하려는 마음

'받는 의존'은 겉으로는 자기중심적이고 요구가 많아 보인다. 하지만 이 유형의 의존에도 깊은 결핍과 버려질지도 모른다는 불안이 있다. 이들은 다른 사람이 자신에게 '좋은 것'을 주는 것이 당연하다고 생각한다. '당신은 나를 힘들게 해서는 안 돼', '당신은 나를 행복하게 해줘야 해.' 이런 기대는 대개 무의식적이다.

누군가가 끝까지 나를 책임져주길 바라는 마음 역시 인간적이다. 문제는 기대가 과도할 경우, 상대에 대한 고마움이나 책임감 없이 요구만 하게 된다는 점이다. 그러면 주변 사람에게는 자기중심적인 어린아이 같은 모습으로 비칠 수 있다. 이들은 마치 아이처럼 타인이 나에게 해주는 것에 따라 감정이 크게 흔들린다. 삶의 중심이 외부에 있기 때문에 늘 불안하다.

받는 의존은 "나한테 왜 이렇게 해?"라며 남을 탓하고 외부에서 원인을 찾는 경향이 강하다. 반면 주는 의존은 "내가 더 잘했어야 했는데"라며 자신을 탓하는 데 익숙하다. 둘의 방향은 다르지만 둘 다 타인에게 삶의 주도권을 내준 것은 똑같다. 그리고 둘은 서로의 그림자이기도 하다. 주는 사람은 '받고 싶다'는 마음을 숨기고, 받는 사람은 '주는 게 두렵다'는 마음을 숨긴다. 그렇게 서로 다른 척하지만, 사실은 같은 결핍을 다른 방식으로 표현하는 것이다. 자신이 받아들이지 못한 욕구를 상대에게 투사하고, 그로 인해 강하게 반응한다.

    희수 씨는 남편과의 표면적인 관계는 나쁘지 않았다. 그러다 어느 날 남편이 "당신 성격 때문에 너무 힘들다"고 말하자 큰 충격을 받았다. 상담을 통해 희수 씨는 남편이 자신의 욕구를 채워주는 것이 당연하다고 여겨왔다는 사실을 깨달았다. 원하는 대로 해주지 않으면 남편이 무능해 보였고, 그런 남편과 사는 자신이 비참하게 느껴졌다.
'나는 이렇게 살 사람이 아닌데….' 이런 생각에 사로잡히면 남편이 점점 더 미워졌다. 그러다가 남편이 맞춰주면 기분이 풀리고 안정감을 되찾았다. 희수 씨의 이런 태도는 정신역동적으로 보면 유아기의 전능감 결핍과 연결된다. 아이는 울기만 해도 엄마가 다 해결해주던 시절, 세상이 자기중심으로 돌아가는 환상적인 경험을 한다. 하지만 그 전능감이 충분히 채워지지 못하면 성인이 되어서도 누군가가 내 감정을 알아채고, 불편을 없애주길 기대하게 된다. 그렇지 않으면 좌절하고 분노한다.

희수 씨는 남편이 그 역할을 해주길 기대했다. 즉 남편이 '엄마' 역할을 해주지 않을 때는 '나쁜 엄마'가 투사되며 화가 났던 것이다. 이 분노는 남편이 자신의 불안을 완전히 해결해주지 못한다는 좌절감에서 비롯되었다.

'받는 의존'은 타인에게 자신을 맡긴 만큼, 더욱 쉽게 반응만 하는 존재로 전락할 수 있다. 타인이 나를 기분 좋게 해주는지 여부에 따라 내 감정이 결정되는 삶. 결국 나는 수동적이고 의존적인 존재가 되는 것이다. 겉으로는 자기중심적이지만, 내면은 연약하기 때문에 방어적으로 자기를 부풀리고 과장한다. 그러나 전략은 결국 한계에 부딪힌다.

희수 씨는 상담을 통해 이 패턴이 남편과의 관계에서 반복되었다는 걸 알게 되었다. 나는 이렇게 말해주었다. "지금 이런 일을 겪는 건, 변화할 힘이 생겼기 때문이에요." 그동안 남편이 '엄마' 역할을 잘해주면서 희수 씨의 결핍이 많이 채워졌기 때문에, 이제야말로 진정한 부부관계가 시작되는 거라고도 알려주었다. 이후 희수 씨는 자기중심성을 인식하고, 상호이해와 공감을 바탕으로 한 소통법을 배워나갔다.

의존성은 결함이 아니다. 결핍일 뿐이다. '나를 사랑한다면 내가 원하는 걸 해주는 건 당연한 거 아니야?'라고 여긴

만큼, 그만큼 애절하게 사랑받고 싶었던 것이다. 이제는 그 마음을 연민으로 바라봐야 한다. 결핍에서 벗어나 자신에게 힘을 실어주어야 한다.

"그럴 수 있지, 그렇게 사랑받고 싶었던 거지."

다음 단계는 힘을 되찾는 일이다. 결핍에서 벗어나 자신에게 힘을 실어주어야 한다. '당신은 나를 만족시켜야 한다'는 생각은 타인에게 과도한 힘을 주는 것이다. 힘을 내어줄수록 나는 점점 더 무력해진다. 타인에게 요구하는 것 같지만, 실은 삶의 중심을 타인에게 넘겨주고 있는 것이다. 이제는 그 힘을 나에게 돌려주어야 한다. 세상에서 제일 든든한 존재는 나 자신이다. 나를 기분 좋게 하거나 기분 나쁘게 만들 수 있는 유일한 사람은 바로 나다.

통제하면서 붙잡기: 통제로 관계를 붙잡으려는 마음

'통제하는 의존'도 겉으로는 강해 보이지만, 실제로는 상대를 통제함으로써 관계를 붙잡고, 내면의 불안을 잠재우려는 방식이다. 상대가 내 뜻대로 움직이면 안심이 되지만, 벗어나면 불안이 커지고 통제도 강해진다.

불안과 통제는 서로 맞물려 작동한다. 사람은 불안할수록 자신이나 주변을 통제하려는 욕구가 커진다. 예측 불가능한 상황이나 상대방의 자율성은 이들에게 위협처럼 느껴진다. 그래서 관계를 세밀하게 관리하고, 작은 행동 하나까지 확인하고 조정하려 든다. 이런 태도는 종종 '책임감'으로 포장되기도 하지만, 실제로는 불안을 다루는 방식이다.

불안정 애착과도 관련이 깊다. 상대가 나에게 맞춰 움직여야만 불안이 가라앉는다. 그래서 계속 확인하고, 개입하고, 조종하려 한다. 하지만 통제가 강해질수록 상대는 숨이 막히고, 결국 관계 자체가 위태로워진다. 통제로 안정을 구하려 할수록, 관계의 불안정성은 더 커진다.

영훈 씨는 항상 계획대로 움직이려 하고, 어떤 상황이든 주도권을 쥐고 싶어 했다. 그의 이런 성격은 아내와도 갈등을 일으켰다. 그 자신은 책임감이라고 여긴 것들이 아내에게는 답답함과 거리감을 느끼게 한 것이다.

상담에서 드러난 건, 영훈 씨는 아내가 약속을 어기거나 자신의 의견을 따르지 않을 때 심한 불안을 느낀다는 거였다. 그럴 때마다 그는 아내의 일정을 꼼꼼히 확인하며 관리했다. 하지만 그의 '관리'는 불안의 표현이었고, 그 불안은 고스란히 아내에게 전가되었다. 양쪽의 불안은 관계의 긴장도를 높였고, 관계는 점점 더 불안정해졌다.

통제하는 의존은 결국 근본적으로 자기불신의 문제이다. 내가 나를 믿지 못하기에, 상대를 바꿔야 안심할 수 있고, 모든 걸 내가 조절해야 마음이 놓인다. 하지만 진짜 안정을 주는 건 통제가 아니다. '통제하지 않아도 괜찮다'는 내면의 확신이다. 모든 걸 통제할 수 있다는 생각은 애초에 비현실적일 뿐 아니라, 관계도 더 힘들게 만든다. 상대방을 믿고 자유롭게 행동할 수 있도록 허용하는 일은 결국 나 자신에 대한 신뢰를 회복하는 부가적인 연습이 되기도 하다. 통제 없이도 관계가 잘 유지될 수 있다는 경험이 쌓일 때 비로소 통제의 의존에서 벗어날 수 있다.

세 가지 의존이 드러나는 방식

우리가 관계를 맺는 방식을 보면, 겉으로 드러나는 태도와 내면의 감정이 서로 다를 때가 많다. '주는 의존', '받는 의존', '통제하는 의존' 세 가지 의존 유형 역시 마찬가지다. 세 유형의 표면적인 모습은 서로 달라도, 그 안에는 감춰진 결핍, 만성 불안, 그 밖의 억눌린 감정들이 자리한다.

'주는 사람'은 친절하고 배려 깊지만, 돌아오지 않는 사랑 앞에서 혼란과 분노를 경험한다. '받는 사람'은 애정을 요구하면서도 내면에는 수치심과 불안을 감추고 있다. '통제하는 사람'은 강해 보이지만 그 안엔 불신과 두려움이 웅크리고 있다. 다음의 표는 이러한 세 유형의 태도, 감정, 내면 갈등을 한눈에 정리한 것이다.

의존의 유형

	주는 의존	받는 의존	통제하는 의존
드러나는 태도	배려, 양보	요구, 기대	통제, 개입
자기개념	좋은 사람, 희생자	특별한 대우를 받아야 한다고 느끼는 사람	보호자, 관리자(불안을 조절하려는 역할)
내적인 감정	억눌린 분노, 도덕적 우월감	수치심, 결핍감	불안, 통제 불능에 대한 두려움
억압된 감정	분노	불안	두려움
심리적 욕구	애정, 인정	무조건적인 사랑	안정, 예측 가능성
내면의 갈등	나와 남의 욕구 사이에서 혼란	채워지지 않는 결핍에 대한 불만	통제가 무너질까 하는 공포
갈등 대처 방식	자기비난	타인비난	상대방 압박

(((7)))

의존과 공생하는 감정들

자기애적 결핍과
수치심

 자기애적 결핍은 흔히 '나를 사랑하지 못하는 상태'로 오해되곤 한다. 하지만 여기서 말하는 자기애는 단순히 자기사랑이 아니다. 존재로서의 나를 근원적으로 소중히 여길 수 있는 능력을 뜻한다. 타인의 인정보다 자신의 존재감이 더 중요하고, 나의 잘못과 한계를 마주해도 '그래도 나는 살아갈 만한 존재'라는 느낌을 유지할 수 있는 힘이다.

 이런 자기애가 충분하지 않은 상태, 즉 자기애적 결핍은 대부분 어린 시절에 시작된다. 따뜻한 애정, 안정된 돌봄, 내 존재 자체가 환영받는다는 느낌을 충분히 받지 못하면 아이에게는 '나는 괜찮은 사람인가?'라는 의심이 자란다. 그러면서 아이는 자기 감정이나 욕구보다 부모가 원하는 감정과 행동을 우선시하게 된다. '있는 그대로의 나'는 사라지고, 조건을 충족시켜야만 사랑받는다는 왜곡된 믿음이 자리 잡는 것이다. 시간이 지나면서 의심은 점차 확신이 된다.

이 과정은 대개 무의식적이다. 마음속 깊은 곳에서 '나는 뭔가 잘못된 존재야'라는 느낌이 굳어지는데, 그 감정이 바로 수치심이다. 죄책감은 '내가 한 행동'에 초점을 맞춘다면, 수치심은 '내가 존재하는 방식 전체'에 대한 자기부정이다. 이런 자기애적 상처로 인해 수치심은 내면화될 수 있다.

수치심에 익숙해진 사람은, 그 감정을 느낄 이유가 없는 상황에서도 수치심이 일어난다. 누군가 내 이름을 부르기만 해도, 단지 시선이 마주쳤을 뿐인데도 마치 버튼이 눌린 것처럼 자동적으로 수치심이 일어난다. 내면화된 수치심은 존재 전체를 타인의 시선이라는 굴레에 속박시킨다.

수치심은 다양한 방식으로 위장되어 나타난다. 자신감 있는 척, 과도한 성취욕, 지나친 배려, 갑작스러운 관계 단절 등, 드러나는 모습은 다르지만 내면의 목소리는 비슷하다.

'버려질지도 몰라', '진짜 나를 알면 싫어할 거야.'

자기애적 결핍을 치유하려면, 먼저 마음 배경에 깔린 수치심을 인식해야 한다. 그 감정이 내 삶을 어떻게 움직이고 있는지를 이해할 때, 그동안 수치심이라는 감정이 나를 대신해 말하고 행동하게 했다는 걸 알게 된다. 그제야 감정과 한 걸음 떨어져, 내 진짜 생각과 욕구를 들여다볼 수 있다.

죄책감의
내적 갈등 구조

"죄책감은 자신을 작고 초라하게 만드는 가장 강력한 도구다."

—프리드리히 니체 Friedrich Nietzsche

대부분의 죄책감은 타인의 기대나 사회적 규범을 어긴 불편함에서 비롯된다. 이 감정은 진짜로 잘못된 행동을 반성하는 마음(죄책감과 결이 다른 양심)이라기보다 '좋은 사람'으로 보이지 못했다는 불안에서 생긴다. 자기중심성을 받아들이지 못하는 심리도 작용한다. 우리는 자신의 결점이나 이기심을 인정하는 것이 불편하기에, 그것을 죄책감이라는 '착한 감정'으로 감추려 한다. 다시 말해, 죄책감은 나는 '나쁜 사람'이 아니라 '착한 사람'이라고 말하고 싶은 마음이기도 하다.

의존 성향에 따라 죄책감의 마음 구조가 다르다. 사람마다 관계, 좋은 것, 신념 등 각기 다른 대상에 의존하는 만큼, 죄책감을 느끼는 이유와 내적 갈등의 양상도 달라진다.

'관계'에 의존: 나를 지키는 것과 타인을 지키는 것 사이의 갈등

관계에 의존하는 사람들이 느끼는 죄책감은 표면적으로는 상대방을 배려하는 마음에서 비롯된 것처럼 보인다. 하지만 이러한 죄책감의 뿌리는 복잡하다. 이들의 죄책감은 상대방의 부정적인 감정이나 실망을 자신의 탓으로 돌리는 데서 시작된다. 예컨대, 친구의 부탁을 거절했을 때 '내가 너무 냉정했던 걸까?'라며 죄책감을 느낀다. 타인의 기대를 충족시키지 못했다는 느낌은 자신이 '좋은 사람'이라는 이미지에서 벗어났다는 불안감으로 연결되며, 이 불안은 죄책감으로 전환된다.

죄책감은 관계를 유지하려는 욕구와 동시에 관계에서 벗어나고자 하는 욕구 간의 충돌에서 나타날 수 있다. 때때로 관계에서 거리를 두고 싶어 한다는 자신의 내적 욕구를 인정하지 못하는 데서 비롯된다. 관계에 의존하는 사람들은 연결되고 싶어 하면서도, 관계가 주는 책임감과 압박에서 도망치고 싶은 마음도 있다. 이 내적 갈등은 '내가 그들을 실망시켰어'라는 죄책감으로 가려지지만, 실상은 자신의 감정적 독립을 향한 욕구와 타인의 기대를 충족시키고자 하는 욕구가 충돌한 결과로 볼 수 있다.

'좋은 것'에 의존: 욕망과 책임 사이의 갈등

이들은 불편한 감정을 피하려고 즐거움이나 자유로움 속에 자신을 숨긴다. 하지만 그 속에서도 죄책감이 따라온다. 즐거움을 추구하는 과정에서 자신이 해야 할 일이나 책임을 소홀히 했다는 생각이 들 때, '내가 너무 내 생각만 했나?'라는 죄책감에 빠지기도 한다.

이런 죄책감은 단순히 책임을 다하지 못했다는 반성만이 아니다. 즐거움을 추구하며 느꼈던 자유로움과 해방감은 타인의 기대와 자신의 책임을 떠올리는 순간 깨지게 되고, 이는 강한 내적 갈등을 불러일으킨다. 이 과정에서 이들은 한편으로는 자신이 원하는 것을 마음껏 누리고 싶어 하면서도, 동시에 그러한 욕망을 사회적 규범에 따라 억누르려 한다.

결과적으로 죄책감은 마치 자신이 이기적으로 행동했기

때문이라는 생각으로 드러나는 경우가 많다. 그러나 실상은 자신의 욕망을 온전히 인정하지 못하는 데서 오는 혼란과 자기비난이 죄책감을 만들어낸다고 볼 수 있다.

'신념'에 의존: 가치와 타협 사이의 갈등

이들은 자신의 가치를 어떤 신념이나 이상적인 기준에 기대어 정의하려 한다. 그 신념을 지키지 못했을 때, 마치 자신의 존재 자체가 무너지는 듯한 죄책감을 느끼곤 한다. 하지만 이러한 죄책감은 단순히 신념을 어겼다는 반성에서 오는 것만은 아니다. 내적 갈등과 연결되어 있을 수 있다. 신념을 지키고자 하는 욕구와 현실적으로 타협하고자 하는 욕구 사이에서 혼란을 겪기 때문이다.

예를 들어, 정의를 중시하는 사람이 어떤 갈등 상황에서 침묵하거나 타협했다면 '나는 비겁해'라며 죄책감을 느낀다. 그리고 이 죄책감은 자신이 '가치 없는 사람'으로 전락할지 모른다는 두려움을 치환한 것일 수 있다. 즉, 신념을 어겼다는 것보다, 자신이 믿는 기준에 부합하지 못한 '존재로서의 실패'에 대한 두려움이 반영된 것이다.

이타심에 숨은 의존,
도덕적 우월감의 딜레마

도덕적 우월감은 겉으로는 이타적인 행동처럼 보이지만, 사실은 내면의 불안이나 낮은 자존감을 방어하기 위한 심리적 장치일 수 있다. '나는 좋은 사람이다', '나는 너보다 도덕적이다'라는 믿음은 자기 이미지가 무너지면 불안을 느끼는 취약한 내면을 드러낸다.

심리학자 알프레드 아들러Alfred Adler는 열등감을 감추기 위해 우월감을 내세우는 심리에 대해 말한 바 있다. 도덕적 우월감도 같은 맥락에서 이해할 수 있다. 우리는 종종 '착한 사람'이라는 이미지를 통해 스스로의 불안을 다독이려 한다. 하지만 이 이미지에 집착할수록 진짜 감정과 욕구는 억압되고, 타인을 있는 그대로 받아들이는 데에도 어려움을 겪는다.

도덕적 우월감이 강한 사람은 자신이 옳다고 믿는 기준으로 타인을 평가하거나 비판하는 경향이 있다. 예를 들어, 기부를 하는 사람이 기부하지 않는 사람을 낮게 평가하는 것처럼 말이다. 대개 무의식적인 이러한 태도는 '도덕적 허영moral grandstanding'이라 불리며, 도덕적인 행동을 통해 타인에게 자신을 과시하려는 심리와도 연결된다. 이는 타인과의 관계에 미묘한 긴장을 초래할 수 있다. 뿐만 아니라 자기성찰의 기회를 가로막는다. '나는 이미 올바른 사람'이라는 믿음은 자신의 행동과 태도를 돌아보지 않게 하고, 성장을 위한 질문을 멀리하게 한다. 도덕적 우월감이 무너졌을 때 불안해지는 이유는, 타인을 통해서만 자신을 가치 있게 여기는 심리적 의존성 때문이다.

브레네 브라운Brené Brown은 "진정한 이타심은 타인을 돕는 행위 그 자체에서 오는 기쁨과 만족에 초점을 맞추는 것"[10]이라고 했다. 도덕적 우월감을 경계하라는 뜻이다. 도덕적 우월감으로는 타인과 깊이 연결되기 어렵다. 도덕적 우월감이 자리했던 마음 공간에 따뜻한 이해와 자비를 채워보자. 내 안에 있는 따뜻함과 연민을 타인에게 있는 그대로 전할 수 있을 때, 불필요한 무의식적 힘겨룸에서 벗어나게 되고, 자율성은 더 커진다.

(3부)

회피

나는 무엇을
어떻게 놓는가

(((8)))

회피 이해하기

회피의 진실

불편함이나 고통을 피하고 싶은 건 본능이다. 뜨거운 물체를 잡으면 반사적으로 놓아버리듯이, 감정적인 고통이나 위협도 본능적으로 멀리하고 싶다. 이는 생존을 위해 우리 몸과 뇌가 작동하는 아주 자연스러운 반응이다. 특히, 고통스러운 경험이 반복될수록 마음은 스스로를 보호하기 위해 더 두꺼운 방어막을 만든다.

하지만 우리는 피하고 싶은 마음을 부정적으로 바라보

면서 회피를 종종 나약함이나 비겁함으로 오해한다. 그래서 자신의 회피 성향을 부끄러워하거나, 때로는 '나는 왜 이렇게 나약할까' 하고 스스로를 비난하기도 한다. 그러나 회피를 단순히 부정하거나 억압해선 안 된다. 그 안에는 우리가 두려워하는 것, 지키고 싶어 하는 것이 무엇인지 알려주는 중요한 메시지가 담겨 있다. 즉, 회피는 이해하고 통합해야 할 정서적 반응이다.

그러나 회피가 습관이 되면, 문제가 달라진다. 피하고 싶은 감정이나 상황이 쌓이면, 그 마음은 우리 안에 벽을 만든다. 벽은 나의 성장을 방해하고, 타인과의 연결을 가로막는다. 예를 들어, 친구와의 갈등을 피하려다 관계가 점점 멀어지는 경우, 직장에서 상사의 피드백을 곱씹다가 오해가 깊어지는 경우, 가족 간의 문제를 계속 미루다 결국 대화 자체가 단절되는 경우가 그렇다. 고통을 피하려던 마음이 때로는 더 깊은 고립과 불안을 불러올 수 있다.

'나는 왜 피하고 싶을까? 무엇이 두려운 걸까?' 이런 질문에서부터 탐구가 시작된다. 회피는 단순히 불편함을 외면하려는 도피가 아니다. '아직 이 부분은 감당하기 힘들다'라고 말하는 내면의 목소리일지 모른다. 피하고 싶고, 놓아버리고 싶은 마음을 이해하는 것이 진짜 용기를 키우는 일이다.

회피를 알아차리는 순간, 우리는 내적 자원을 사용할 기회를 갖게 된다. 이전에 잘 쓰지 못했던 힘, 아직 꺼내지 않은 가능성이 내 안에 있다는 걸 깨닫는다. 그리고 그 깨달음은 자신감과 자율성을 조금씩 회복하게 한다. 이렇듯 불편함과 고통을 피하고 싶은 마음을 있는 그대로 받아들일 때, 회피의 에너지는 변화와 성찰의 에너지로 바뀔 수 있다. 회피를 나약함으로 규정하지 않을 때, 그 마음은 나를 더 깊은 자유로 이끈다.

피하고 싶은 마음은 어떤 감정에 뿌리를 두고 있을까? 어떤 신념이 그 감정에 힘을 보태고 있을까? 회피라는 태도 뒤에 숨겨진 감정과 욕망을 들여다보자. 그 마음과 조금 더 솔직하게 마주할 수 있다면, 지금까지 몰랐던 나의 상처와 필요를 더 정확히 이해할 수 있다.

회피는 어떻게
마음을 지키는가

회피 성향이 강한 사람은 관계나 삶의 중요한 순간에서 물러나는 선택을 반복한다. 거절당할까 봐, 실패할까 봐, 상처받을까 봐 한발 물러난다. 겉으론 무심해 보이지만, 선택 뒤엔 보이지 않는 신념들이 작동한다.

2부에서 의존 성향이 강한 사람들의 신념체계를 살펴봤듯이, 이번에는 회피 성향을 가진 사람들의 핵심신념과 중간신념을 들여다보고자 한다. 핵심신념은 가장 깊은 내면에 자리한 자기인식이고, 중간신념은 그것을 토대로 행동을 정당화하는 생각이다. 회피 성향은 이 믿음들에 의해 형성되고, 반복된다. 이들이 품고 있는 신념을 세 가지 대표적인 영역으로 나누어 보았다.

'사랑받지 못함'과 관련된 신념

회피 성향이 강한 사람은 친밀한 관계에서 상처받는 것을 두려워한다. 감정을 드러내는 대신 침묵을 선택하고, 관계가 깊어질수록 슬며시 뒷걸음질 친다. 충돌이 예상되면 먼저 물러나고, 갈등을 피하는 방식으로 관계를 통제한다.

`핵심신념` 나는 사랑받지 못한다.
`중간신념` 나를 드러내면 실망을 줄 것이다. 차라리 조용히 있는 게 낫다.

핵심신념 나는 언젠가 버림받을 것이다.
중간신념 관계는 결국 끝나니까, 애초에 거리를 두는 게 안전하다.

핵심신념 나는 있는 그대로 받아들여질 수 없다.
중간신념 나를 감추면 거절당하지 않을 수 있다.

'무능함'과 관련된 신념

자신을 무능하다고 여기는 사람은 오히려 더 실패를 견딜 수 없다고 느낀다. 그래서 시도조차 하지 않는다. '어설프게 하느니, 아예 하지 않는 게 낫다'라는 태도는 때론 무감하게 보이지만, 그 안에는 자기를 보호하려는 절박한 전략이 숨어 있다. 책임을 맡는 걸 피하고, 실패할 가능성이 있는 모든 일에 등을 돌린다.

핵심신념 나는 실패할 운명이다.
중간신념 시도하지 않으면 실패도 없다.

핵심신념 나는 부족한 사람이다.
중간신념 새로운 상황에선 내 한계가 드러나니 피해야 한다.

핵심신념 나는 (상황이나 나를) 통제할 능력이 없다.
중간신념 거리를 두면 내 결함을 들키지 않을 것이다.

'무가치함'과 관련된 신념

자신을 무가치하다고 여기는 사람은 자신의 존재감을 가능한 작게 만들려 한다. 타인의 시선을 과하게 의식하고, 실수나 감정 표현이 누군가에게 피해나 상처를 줄까 봐 미리 스스로를 억제한다. 어떤 이들은 대인관계에서 마치 '없는 사람'처럼 행동하고, 어떤 사람들은 욕구를 통째로 지워버린 듯 살아간다.

핵심신념 나는 위험한 사람이다.
중간신념 다른 사람은 나와 엮이지 않는 편이 낫다.

핵심신념 나는 나쁜 인간이다.
중간신념 감정을 억누르면 타인에게 상처 주지 않을 것이다.

핵심신념 나는 잘못된 존재다.
중간신념 내가 눈에 띄지 않으면 문제 되지 않을 것이다.

회피 성향을 이해하기 위해서는 '나는 왜 자꾸 피하려고 할까?'라는 질문을 던져야 한다. 그리고 한 걸음 더 나아가 이렇게 물어야 한다. '내가 이 상황을 피할 때, 얻는 것과 잃는 것은 무엇일까?'

이 질문은 회피가 가져오는 단기적인 안도감 이면에 숨겨진 대가를 성찰하게 한다. 피하고 싶은 마음과 마주하는 건 두렵다. 하지만 그 마음을 해석해낼 수 있다면 더 이상 회피에 끌려가지 않게 된다. 그때 우리는 더 자유롭게 선택할 수 있다.

의존과 회피, 비슷하고도 다른

의존과 회피는 겉보기에는 정반대처럼 보이지만, 깊이 들어가 보면 몇 가지 중요한 공통점이 있다.

첫째, 두 성향 모두 상처받지 않기 위한 방어 전략이다. 어떤 사람은 타인에게 더 가까이 붙음으로써, 또 어떤 사람은 타인과 애초에 거리를 둠으로써 자신을 보호하려 한다.

둘째, 이들은 모두 자기 자신에 대한 부정적 신념이 강하다. 사랑받을 자격이 없다는 느낌, 무능하거나 부족하다는 감각, 내가 존재할 만한 가치가 없다는 믿음이 밑바닥에 깔려 있다. 다만, 반응 양식이 정반대일 뿐이다.

셋째, 의존과 회피는 모두 타인의 시선과 반응을 중심으로 자신의 존재를 규정하려는 경향을 보인다. 의존은 타인의 긍정을 끊임없이 추구하는 방식이고, 회피는 타인의 평가 자체를 피함으로써 영향을 받지 않으려는 방식이다. 둘 다 중심이 약한 상태라고 볼 수 있다.

특히 의존과 회피, 두 성향은 '사랑받지 못함', '무능함', '무가치함'에 대한 핵심신념을 어떻게 만들어내고 반응하느냐에 따라 각기 다른 모습으로 나타난다. 그 차이를 하나씩 알아보자.

먼저, '사랑받지 못함'이라는 신념부터 살펴보면, 의존적인 사람은 사랑받고 싶은 강렬한 욕구를 중심으로 움직인다. 이들은 타인의 승인과 친밀감을 갈망하며, 어떻게든 관계 안에 머물고자 한다. 반면, 회피 성향을 가진 사람은 '어차피 사랑받지 못할 것이다'라는 두려움을 품고 있다. 이로 인해 상처받을 가능성을 피하려는 방어적인 태도를 보인다.

'무능함'에 대한 믿음에서도 두 유형은 상반된 반응을 보인다. 의존적인 사람은 스스로 문제를 해결할 수 없다고 느끼기 때문에 타인의 조언이나 지시를 끊임없이 구한다. 중요한 결정을 스스로 내리기보다 누군가에게 의지하려 한다. 반면, 회피적인 사람은 자신의 무능함이 드러날까 두려워 애초에 도전 자체를 피한다. 책임을 맡지 않으려 하며, 자신을 노출하지 않기 위해 관계에서도 거리를 둔다.

'무가치함'에 대한 반응도 마찬가지로 다르다. 의존적인 사람은 자신의 가치를 외부에서 확인받고자 한다. 칭찬이나 인정을 얻기 위해 과도하게 노력하거나, 타인의 기대에 맞춰 행동하려 한다. 이에 비해 회피적인 사람은 무가치함이 드러날까 봐 두려워 타인과의 관계를 아예 끊어버리거나, 눈에 띄지 않도록 조심스러운 삶을 선택한다.

의존과 회피, 그 안에는 비슷한 두려움이 있다. '나는 이 세계에서 안전하게 존재할 수 있는가?' 이 두려움을 대하는 태도로, 하나는 타인에게 더 가까이 다가가 안전을 확보하려 하고, 다른 하나는 차라리 물러나 상처를 피하려 한다. 모두 삶에 대한 자신만의 응답 방식이다. 다만 그 응답이 스스로의 가능성을 좁히는 방식이 되지 않도록, 우리 안에 있는 불안과 두려움의 마음을 읽어내야 한다. 그럴 때 의존도 회피도, 단순히 나를 설명하는 방어기제가 아니라, 더 나은 선택을 위한 단서가 될 수 있다.

붙잡음과 놓음의
작용과 반작용

이제부터 본격적으로 '무엇을 놓고 있는가'를 살펴보자. 그 전에 '무엇을 붙잡고 있는가'를 잠시 돌아볼 필요가 있다. 놓는다는 건 결국, 반대편의 어떤 마음을 붙잡고 있는 거라, 두 마음을 통합적으로 인식할 필요가 있다.

2부에서는 의존의 마음을 세 갈래로 나누어 살펴봤다. '관계'에 의존하며 타인의 관심과 애정을 좇고, '좋은 것'에 집착하며 불편한 감각과 감정을 회피하고, '생각이나 신념'에 기대며 스스로를 지키려 한다. 누구에게나 있는 인간적인 욕구이자 태도이다. 문제는 그것을 어떻게 다루느냐다. 원하는 걸 너무 강하게 붙잡을 때도, 그 욕망을 아예 없는 척하며 억누를 때도, 자아는 조금씩 힘을 잃어간다.

과잉보상된 의존과 회피

특정 욕구를 억누르다 보면, 오히려 그와 정반대의 사고나 행동으로 나타날 때가 있다. 이것이 바로 과잉보상이다. 예를 들어, 어떤 욕구가 매우 강하지만, 그것을 감당하기 어려워 스스로 원하지 않는다고 믿어버리는 경우가 있다. 버거운 욕망이 불러올 좌절의 가능성으로부터, 자신의 가치감을 지키려는 무의식적 방어기제다.

아래의 그림처럼 '관계'에 대한 의존이 억압되면, 지나치게 독립적이다. 자신의 감정을 드러내지 않고, 어떤 친밀함도 부담스럽게 여긴다. '누구에게도 기대지 않겠다'와 같은 고립적 태도는, 사실은 기대고 싶었던 마음의 그림자일 수 있다.

'좋은 것'에 대한 의존이 좌절될 때는 '원하지 않는다'는 무감각함으로 회피가 나타나기도 한다. 무언가를 간절히 바랐지만 얻을 수 없었던 경험이 반복되면, 차라리 욕망 자체를 꺼버리는 쪽을 선택하는 것이다.

붙잡고 있는 의존과 놓아버리는 의존의 상관관계

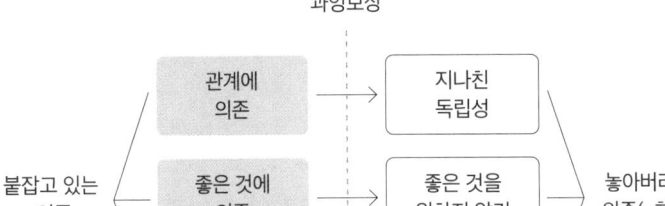

'신념'에 의존하던 사람이 그것을 끝까지 지키기 어려워졌을 때도 비슷한 일이 일어난다. 옳고 그름을 판단하던 기준을 손에서 내려놓으며, 세상과 거리를 두고, 사람들과의 감정적 연결을 끊는다. 표면적으로는 초연하고 자유로워 보이지만, 실은 자신의 기대와 신념을 감당하지 못했던 흔적일 수 있다.

이처럼 회피적인 태도는 겉으로 보기엔 의존적이지 않다. 그러나 더 깊이 들여다보면, 억눌린 의존의 또 다른 형태일 수 있다. 자신을 내보이는 일이 두려우니 애써 괜찮은 척 웃고, 실패가 두려우니 새로운 일엔 당초 관심조차 없는 척 한다. 그러면서도 마음 한구석엔 이유를 알 수 없는 공허함이 남는다.

공허함은 우울감을 부르고, 우울은 또 다시 회피를 부른다. 이렇게 반복되는 회피의 악순환에서 사람은 점점 '자기중심'과 '자신의 삶'에서 멀어진다. 무언가를 해내는 기쁨도 없고, 누군가와 연결되는 감동도 줄어들고, 어느 순간부터는 '이게 다 무슨 의미지?'라는 태도가 일상에 깔리게 된다.

이때 필요한 것은 억지로 애쓰거나 고치려는 태도가 아니다. 스스로에게 조용히 묻는 일이다. '나는 지금 무엇을 감추고 있는가', '나는 지금 무엇에서 멀어지고 있는가.' 욕망은 억제된다고 사라지는 것이 아니다. 두려움 역시 부정한다고 줄어들지 않는다. 붙잡고 있던 것을 있는 그대로 인정하고, 그 마음을 놓아보는 연습이 필요하다.

삶은 꼭 붙잡아야만 안정되는 것도 아니고, 놓아야만 편해지는 것도 아니다. 붙잡음과 놓음 사이, 그 긴장과 흔들림 속에서 우리는 조금씩 균형잡힌 인격을 갖춰간다.

나를 미워하기 때문에
너에게 사랑받기를 원하는 마음

'내가 이런 걸 원해도 될까?', '내 주제에 그런 걸 바라다니 말도 안 돼', '내가 하겠다고 하면 남들이 비웃을 거야.'

내 욕구, 욕망, 소망을 무시하고 얕잡아 보는 말이다. 우리는 왜 자신에게 이런 마음을 갖는 걸까? 이 마음에는 나를 향한 부정적인 시선, 더 깊게는 나에 대한 미움이 깔려 있다. 얼핏 생각하면 '못난 나'를 미워하는 것 같지만, 잘 들여다보면 자기미움이 먼저 있고, '못난 나'를 계속해서 찾아내고 증명하려는 것처럼 보인다.

나를 좋아하지 못할 때, 우리는 외부의 인정에 더 많이 기대게 된다. 스스로의 가치를 믿지 못하니, 누군가라도 나를 좋아해주길 바란다. 반대로 생각하면 쉽다. 나를 믿고 좋아한다면 남들의 인정과 승인이 반드시 필요하지는 않다. 남들의 인정과 호의를 받으면 좋겠지만, 그것이 없더라도 스스로를 가치 없는 존재로 여기지 않는다.

생각해봐야 할 점은 내가 나를 믿지 않으면서, 남들이 나를 믿어주길 바란다는 것이다. 나는 나를 좋아하지 않으면서, 남들이 나를 좋아해주길 바란다. 마치 싫은 나를 남이 대신 감당해주기를 바라는 것처럼. 하지만 이런 방식은 근본적인 해결책이 되지 못한다. 우리 자신에게 진짜 필요한 것은 내가 무엇을 원하는지, 무엇을 두려워하는지, 그 마음을 있는 그대로 받아들이는 일이다.

회피 성향이 강한 사람일수록 욕망과 욕구, 소망을 솔직하게 인정하는 일이 어렵다. 그건 나와는 상관없는 일 같고, 괜히 해봤자 실망만 남을 것 같다. 이런 마음은 어느새 욕구 자체를 불편하게 만들고, 결국은 그것을 아예 없던 것처럼 여긴다. 욕구를 인정하지 못하면, 그것을 이루기 위해 행동에 나설 수도 없고, 그러면서 행동하지 못한 자신을 비난하게 된다. '나는 역시 안 되는 사람이야' 하고 말이다.

이런 자책은 다시 욕망을 더 억누르고, 그 억눌림은 더 깊은 자기미움으로 쌓인다. 회피는 이렇게 욕망과 두려움을 인정하지 않는 태도에서 시작된다. 욕망이 나쁘다는 생각, 나 같은 사람은 욕망을 품어서는 안 된다는 믿음, 그 모든 마음은 결국 자기 자신을 지워가는 일이 될 수 있다. 그리고 어쩌면 이미 내가 나를 오래도록 외면해온 증거일지 모른다.

자기미움의
그 이면에는

자기미움은 삶의 여러 영역에서 다양한 모습으로 드러난다. 욕구와 감정을 존중하지 않기, 미숙했던 과정을 인정하지 않기, 뛰어난 사람과 비교하며 자신을 깎아내리기, 실수나 흠결을 무자비하게 비판하기, '나는 아직 멀었다'라며 스스로를 발전의 압박 속에 몰아넣기, 나의 성취를 축하하거나 즐기는 것을 불편해하기 등.

자기미움은 여기서 멈추지 않는다. 더 미묘하고 은밀한 방식으로 우리의 삶을 흔들기도 한다. 무언가를 원하지 않고, 필요로 하지도 않고, 결정하지도 않으면서 스스로를 세상의 변두리로 몰아낸다. 나에게 좋은 것이나 필요한 것을 주지 않는다. 내가 나에게 가장 인색한 사람이 된다.

자기증오의 핵심에는 내면의 분열이 있다. 한쪽에는 '엄격하고 비판적인 나'가 있다. 다른 쪽에는 '부족하고 실망스러운 나'가 있다. 두 자아가 끊임없이 충돌한다. 엄격한 나와 턱없이 부족한 나로 분열되는 것이다. 분열은 고통스럽지만, 동시에 나를 보호하기 위한 무의식적인 전략이기도 하다. 어쩌면 우리는 '완벽한 나'라는 이상을 세워두고, 그에 미치지 못하는 '실패한 나'를 단죄함으로써 '이렇게라도 나를 다루고 있다'는 심리적 통제감을 느끼는지도 모른다.

분열은 종종 초월적인 태도로 위장된다. '나는 아무것도 필요하지 않아'라고 말하며 욕망 자체를 부정하거나 억압한다. 어떻게 인간이 아무것도 원하거나 필요로 하지 않을 수가 있을까. 그저 원하는 것을 얻지 못할까 봐 두려움이 너무 큰 것이다. 두려움 또한 싫으니, 두렵지 않기 위해 '원하기', '필요로 하기' 자체를 포기한다. 어떤 사람이 되고 싶은지, 어떻게 살면 좋을지 자기만의 가치를 선택하지 못하고 결국 다 놓아버린다. 다시 말하면, 잡는 힘을 쓸 줄 모르는 것이다. 결국 나로부터 점점 멀어진다.

나를 미워하면 내면의 목소리를 듣지 못하고, 추방당한

내면의 목소리는 점점 작아진다. 자신에게 더더욱 야박한 사람이 되어버린다. 자기증오 뒤에는 두려움과 상처가 숨어 있다. 내 욕구와 욕망은 수치스러운 것이 아니다. 그 어떤 것도 부끄러움이 될 수 없다. 나의 원함과 필요를 있는 그대로 받아들여보자. 그것을 마주하며 치유하는 과정 속에서 우리는 진정한 자기사랑을 배울 수 있다.

(((9)))

회피에 붙들린 내면의 목소리

회피하는 삶이 놓치는 것

물러나고 감추고 포기하려는 마음. 이런 마음도 고통으로부터 나를 보호하기 위한 심리적 방어기제다. 하지만 문제는 이런 방어가 삶의 중요한 것들에서 나를 점점 멀어지게 만든다는 것이다. 세상과의 연결, 감정, 가능성, 소망들. 이 모든 것과 거리를 두고 살아가다 보면, 어느새 내 삶에서 내가 사라진다. 내가 빠진 내 삶에 어떤 즐거움이 있을까.

이 장에서는 2부에서와 마찬가지로 심리학의 여러 접근

(CBT, ACT, 심리도식이론)을 근거로 회피 성향을 가진 내면의 목소리가 어떻게 형성되고 작동하는지 살펴본다.

먼저, 계속 강조하지만 회피 성향을 비판하거나 분석하기보다는 그것이 어려움 속에서도 나를 보호하려는 시도였음을 이해해야 한다. '나는 왜 이렇게 못났을까?'라는 비난 대신, '이렇게라도 나 자신을 지키려 애썼구나'라고 말해줄 수 있을 때, 비로소 우리는 회피를 통해 억눌려 있던 진짜 나의 목소리를 들을 수 있다.

이 장에서는 회피 성향에 붙들린 내면의 목소리를 크게 세 가지로 나누어 살펴볼 것이다. 첫째는 사람들과의 관계에서 거리를 두려는 목소리, 둘째는 감정을 무시하거나 감추려는 목소리, 셋째는 책임을 피하려는 목소리다. 이외에도 회피 성향과 연관이 깊은 그 밖의 목소리들도 탐색해볼 것이다.

내면의 소리를 하나씩 살펴보며, 그 안에 담긴 나의 두려움과 상처를 함께 이해해보자. 변화의 시작은 언제나, 내 안에 오래 머물던 목소리를 있는 그대로 듣는 데에서부터 시작된다.

첫 번째,
거리를 두려는 목소리

사람 사이엔 보이지 않는 선이 있다. 너무 가까우면 숨이 막히고, 너무 멀면 외롭다. 그 사이에서 우리는 각자 적당한 간격을 찾고, 유지하려 애쓴다. 그런데 회피적인 사람들은 그 간격을 훨씬 넓게 두려 한다. 이 역시 스스로를 지키는 방식이다. 가까움은 기대를 낳고, 기대는 실망을 동반한다는 걸 잘 알고 있는 사람들. 이들 마음속엔 어떤 두려움과 전략이 있을까?

회피형 애착: '가까워지면 상처받을 거야.'

이 목소리는 타인과 가까워지는 일이 곧 상처로 이어질 수 있다는 두려움을 담고 있다. 은근히 감정적 거리를 두거나 내밀한 대화를 피하는 방식으로 나타난다. 이러한 태도는 '사람들과 가까워지면 결국 버림받는다'거나 '관계는 상처로 끝난다'는 무의식적 신념과 연결된다. 또다시 비슷한 고통을 겪고 싶지 않다는 본능적인 방어이지만, 동시에 사람과의 연결을 막고 고립감을 가져온다.

누군가와 가까워지는 것이 두려울 때, 우선 따뜻한 태도로 물어보자.

'나는 왜 이런 마음이 드는 걸까?'

두려움을 없애려고 애쓰기보다는 '이 마음도 나를 보호하려는 시도였구나'라고 이해하는 것이 먼저다. 감정일기를 쓰거나, '오늘의 감정 단어' 한 가지만 적어보는 것도 감정자각 훈련이 된다.

경계 설정 미숙: '관계는 피곤해.'

대인관계에서 반복되는 기대, 요구, 갈등이 주는 정서적 소진과 피로감을 반영한다. '나는 사람들과 어울릴 수 없는 사람'이라는 신념이 작동한다. 특히 사람들의 기대에 부응하려 애쓰면서 자신의 한계를 넘어서는 에너지를 써왔다면, 관계는 더욱 버겁게 느껴진다.

이런 피로감은 자신의 욕구를 표현하지 못하고 경계를 세우는 방법을 배우지 못한 데서 비롯되었을 수 있다. 억눌린 분노가 쌓이면서 관계를 유지하는 일이 점점 더 힘들게 느껴진다면, 먼저 관계에서 피로를 느끼는 이유를 점검해보는 것이 중요하다. 이렇게 물어보자.

'나는 어떤 순간에 가장 지치는가?', '무엇이 나를 소모시키는가?'

이런 점검 질문을 던져보고, 편안한 친구와의 짧은 대화나 가벼운 만남부터 시작해보자. '모든 관계가 피로하다'는 생각을 조금씩 깨는 새로운 경험이 필요하다.

사회적 고립 도식: '혼자가 편해.'

이 목소리는 대인관계에서 오는 불편함을 회피하는 것보다 혼자 있을 때의 안정과 자유를 더 소중히 여기는 마음이다. 하지만 그 안에는 '가까워지면 상처받는다'는 두려움이 여전히 남아 있다. 혼자가 좋다는 게 진심일 수도 있지만, 때로는 상처를 피하려는 방어기제로 작동할 수 있다. 그로 인해 정작 필요했던 위로와 이해마저도 차단하고 있을지 모른다.

'나는 정말 혼자가 편한가, 아니면 관계의 부담을 피하고 싶은 걸까?'

이와 같은 질문과 함께 내면과의 대화를 시작해보자. 그다음 일상적이고 소소한 상호작용을 시작해본다. 누군가에게 가벼운 안부를 묻거나 짧은 대화를 시도해보는 것부터 해보는 거다. 타인과의 관계에서 느꼈던 부담감을 조금씩 줄일 수 있다.

두 번째,
감정을 억누르는 목소리

감정을 억누르는 태도는 감정 표현을 위험하거나 불편한 것으로 여기는 신념에서 생긴다. 감정을 드러내면 약해 보일까 봐 걱정하거나, 감정에 휘둘릴 것 같아 두려운 마음이 작동한다. 이러한 태도는 '감정을 숨겨야 안전하다'는 믿음으로 굳어지고, 결국 감정을 잘 느끼지 못하게 된다. 감정을 느끼지 않으면 상처받지 않을 것 같지만, 정작 고통은 점점 더 깊어진다. 이유를 알 수 없는 무기력, 불안이나 분노, 공허감처럼 뒤틀린 형태로 새어나온다.

자기 불신: '감정을 드러내는 건 위험해.'

이 목소리는 감정을 표현하면 자신을 위험에 노출시킬 수 있다는 왜곡된 믿음을 반영한다. '감정을 드러내면 약해 보일 거야', '사람들이 나를 이용하거나 공격할지도 몰라' 같은 생각이 들면, 본능적으로 감정을 숨기려 한다. 말할수록 불리해진다는 느낌 때문에 표정을 숨기고, 차라리 아무렇지 않은 척 넘기려 한다. 하지만 이런 방식은 오히려 자신을 더 긴장시키고 상대에게는 벽처럼 느껴질 수 있다. 감정을 인정하고 표현하지 않으면 내 것을 지키거나 또는 이해받을 기회도 사라진다.

이 목소리를 다루려면, 감정을 표현하는 것이 약함이 아니라 용기라는 인식을 가져야 한다. "내 감정을 인정하고 표현하는 것은 나를 더 강하게 만드는 일이다"라고 스스로에게 말해보자. 감정 표현은 자신과 타인 모두에게 메시지를 전달하는 일이며, 오히려 안전하고 신뢰를 바탕으로 한 인간관계를 맺게 한다.

감정 억제: '난 내 감정을 통제할 수 없어.'

이 목소리에는 자신의 감정을 감당하지 못할 것에 대한 두려움이 담겨 있다. 감정을 표현하면 더 혼란스러워질지도 모른다는 불안도 겹쳐 있다.

감정을 숨기면 안전할 것 같지만, 억눌린 감정은 오히려 불안과 고립감을 키운다. 참으려 할수록 감정은 강렬해지고, 결국 예상치 못한 순간에 펑하고 터진다. 예를 들어, 사소한 말다툼에서 과도한 반응을 보이거나, 작은 자극에도 감정이 복받쳐 울음을 터뜨리는 경우가 이에 해당한다.

이 목소리를 다루기 위해서는 감정과 함께 머무는 연습이 필요하다. '지금 내가 슬픔을 느끼고 있구나'처럼 감정을 판단 없이 알아차리기만 하는 것이다. 감정을 다룬다는 것은 통제하는 것이 아니라, 감정과 공존하며 필요한 행동을 선택하는 것을 뜻한다.

자기소외: '내 감정은 중요하지 않아.'

이 목소리는 타인의 감정을 우선시하며, 자신의 감정을 하찮게 여기는 태도를 드러낸다. '내 감정을 말하면 상대가 불편해할 거야'라는 생각은 감정을 억누르고 타인에게 맞추게 한다. 어린 시절, 감정이 무시되거나 '그 정도로 예민할 필요 없다'라는 메시지를 반복적으로 받았다면 이런 믿음이 더 쉽게 뿌리내린다. 인간관계를 잘 맺는 것처럼 보이는 겉모습과는 달리, 자기소외가 깊어진다. 우리는 자신과 타인에게 동시에 친절할 수 없다. 감정을 억누르며 타인에게만 집중하는 동안, 나의 욕구와 감정은 점점 더 외면당하고 억눌린다.

내 감정의 가치를 스스로 인정하는 연습이 필요하다. "내 감정도 중요하다. 내 기분을 표현하는 것은 이기적인 것이 아니라, 나를 존중하는 일이다"라고 스스로에게 말해보자. "나는 지금 속상해"라는 말을 입 밖으로 꺼내보거나, 순간순간 스치는 욕구와 감정에 이름을 붙여 구체적으로 자각해본다. 감정의 가치를 인정하는 연습은 자기존중감 회복을 도와준다.

세 번째,
책임을 회피하는 목소리

책임을 회피하는 목소리에는 공통적으로 자기효능감의 결여와 실패에 대한 과도한 두려움이 있다. 이들은 책임을 유달리 벅차게 느낀다. 이는 자신이 어떤 일을 성공적으로 해낼 수 없다는 불안감에서 비롯된다.

자기효능감 부족: '나는 감당할 수 없어.'

이 목소리는 책임의 무게에 압도당하는 심리를 반영한다. 책임이 주어졌을 때, 그것이 자신의 능력보다 훨씬 크다고 느껴 위축된다. 즉, 실패에 대한 공포보다는, 그 일을 끝까지 끌어갈 수 없을 것 같은 불안이 더 크다. '내가 할 수 있을까?'라는 의문이 시작조차 하지 못하게 만든다. 이들은 종종 능력은 있지만 스스로를 과소평가하여, '될 리 없다'는 생각에 사로잡혀 기회를 놓아버린다.

처음부터 완벽하게 해내야 한다는 생각을 내려놓고, 작고 명확한 단위로 책임을 나누는 연습이 필요하다. '오늘 내가 할 수 있는 가장 작은 일은 무엇일까?'에서 시작하자. 감당 가능한 만큼만 책임지는 연습을 통해 더 큰 책임을 감당할 수 있는 힘을 키울 수 있다.

조건부 자기가치: '내가 일을 망칠지도 몰라.'

이 목소리는 책임이 '위험'처럼 느껴지는 태도에서 비롯된다. 주어진 책임을 반드시 성공해야 하는 시험처럼 여기고, 혹시라도 실패하면 모든 탓이 자신에게 돌아올 것처럼 느낀다. '잘해야만 인정받는다'는 조건부 자기가치관이 형성되어 있는 경우 책임을 맡는 일은 곧 자기를 걸고 도박하는 일처럼 느껴진다.

이런 패턴을 바꾸기 위해서는 실패를 인생의 일부로 받아들이는 연습이 필요하다. '이 과정에서 나는 무엇을 배울 수 있을까'라고 자문해보자. 실패에 대한 두려움은 완벽에 대한 강박과 연결되어 있으므로, 불완전함을 견디는 힘을 기르는 것이 핵심이다. 실패를 '위험'이 아니라 '배움'으로 보는 관점의 전환이 필요하다.

역할 회피: '책임은 나에게 맞지 않아.'

이 목소리는 책임을 '내가 할 일이 아니야', '나는 그런 사람이 아냐'라고 여기며 거부한다. 이는 무능감이나 실패의 공포보다는 자기정체감과 관련된 신념에서 비롯된다. '나는 늘 조연이었어', '난 리더가 될 수 없어' 같은 생각은 자기 자신을 한정 짓고, 도전에 대한 두려움을 합리화하려는 방어적 태도로 작용한다.

이 경우에는 나의 역할에 대한 인식 자체를 점검해보는 것이 우선이다. '나에게 책임이란 어떤 것인가', '나는 왜 책임지는 일이 생기면 한발 물러나는가.'

특정한 역할을 회피하는 것은 자기 자신에 대한 오래된 이미지나 주변의 시선에 따라 굳어진 태도일 수 있다. 자기편견에서 벗어날 필요가 있다. '나는 어떤 사람인가'라는 자기개념에 새로운 여지를 만들어주는 것이 이 회피를 풀어내는 실마리가 된다.

그 밖의
내면의 목소리

회피성 성격을 가진 사람들의 내면의 목소리는 대부분 실패와 갈등에 대한 불안에서 비롯된다. 뿐만 아니라 잠재력을 억누르려는 경향도 공통적이다. 지금까지 살펴본 '거리를 두려는 목소리', '감정을 억누르는 목소리', '책임을 회피하는 목소리' 외에도, 회피 성향과 깊이 연결된 목소리들이 있다. 이 목소리들은 결정을 미루고, 완벽주의에 얽매이며, 타인의 기대로부터 벗어나려는 심리를 반영한다. 회피 성향이 내면에서 어떻게 작용하는지 더 넓게 이해해보자.

우유부단 또는 자기불신: 결정을 미루는 목소리

'잘못된 결정을 할까 봐 불안해', '중요한 결정을 내가 할 자격이 있는지 모르겠어'와 같은 목소리 또한 선택과 책임을 회피하려는 심리를 반영한다. 실패에 대한 두려움, 결정 이후 감당해야 할 결과에 대한 부담, 자신의 선택에 대한 신뢰 부족 등이 영향을 미친다. 자존감이 낮거나 과거에 자기가 선택한 일에 지속적으로 비난받은 경험이 있다면 이러한 회피 성향은 더욱 강해질 수 있다.

결정을 자꾸 미루는 습관이 있다면, 완벽한 선택이란 없다는 점을 받아들이는 것이 중요하다. 잘못된 결정을 하더라도 대개 수정할 수 있는 방법이 있다. 그리고 '3분 안에 결정하기'처럼 제한된 시간을 정해두고 결정을 빠르게 내리는 연습이 도움이 된다. 불필요한 고민을 줄이고 자기신뢰를 회복해나갈 수 있는 좋은 방법이다.

이상화된 자기: 완벽주의에 얽매인 목소리

'실수하면 안 돼', '최고의 결과를 내지 못하면 시도할 가치가 없어' 등의 목소리는 실패와 비난에 대한 두려움에서 비롯된다. 과거에 높은 기준을 충족해야만 사랑받거나 인정받는다고 느꼈던 사람들은 자신도 모르게 '완벽해야만 안전하다'는 신념을 가지게 된다.

이 굴레에서 벗어나려면 '완벽할 수 없어. 나의 노력 자체가 가치 있어'라는 생각을 받아들여야 한다. 완벽함을 목표로 삼기보다 과정에서 배우고 발전할 수 있다는 점에 집중하며, 작은 실수를 자연스럽게 받아들이는 연습을 해보자. 또한 자기비판을 줄이고 자신에게 친절하고 이해심 있는 태도인 자기연민도 가져야 할 필요가 있다.

타인중심적 사고: 기대를 회피하는 목소리

'내게 너무 많은 걸 기대해', '차라리 아무도 나에게 기대하지 않도록 하는 게 마음 편해'라는 목소리는 타인의 기대와 평가에 대한 부담에서 비롯된다. 기대에 부응하지 못했을 때 느끼는 좌절감이나 수치심은 애초에 기대받지 않는 사람으로 남는 것이 더 안전하다고 느끼게 만든다.

타인의 기대를 모두 충족시킬 필요는 없다. 오히려 내 속도와 방식으로 최선을 다하는 모습이 신뢰를 준다. 기대에 못 미쳤을 때도 자신을 비난하지 말고, '나는 내가 할 수 있는 만큼 해냈어'라고 인정하는 태도가 필요하다.

내면의 목소리를 다루는 방법

부정적인 내면의 목소리는 존재 자체를 제한하고 성장의 기회를 가로막는다. 목소리를 다루는 방법은 단순하다. 억누르거나 없애는 것이 아니라, 그 안의 메시지를 이해하는 것이다.

'결정하기가 두렵다'라는 목소리는 선택 이후에 생길 결과를 과도하게 걱정하고 있다는 신호다. '완벽해야 한다'라는 목소리는 실수나 실패에 대한 불안이 과장되어 있음을 알려준다. 이렇게 목소리들이 들려주고자 하는 메시지를 잘 이해하면 성장의 도구로 활용할 수 있다. 즉, 그 신호에 대한 대답을 새로이 할 수 있게 된다. '나는 안전하다. 실수할 수 있다. 조금 서툴러도 괜찮다' 같은 새로운 내면의 목소리를 키워가는 것, 그것이 우리가 할 수 있는 온전한 자신으로 살아가는 데 있어 필요조건이다.

의존 성향이나 회피 성향 모두에서 나타나는 내면의 목소리를 다루기 위해, 진실한 감정과 객관적 상황에 조금씩 더 가까워지는 연습이 필요하다. 아래는 지금까지 제시된 실천법을 정리한 것으로, 의존과 회피 성향을 가진 사람들에게 유용한 방법들이다.

감정 인식하기

감정을 인식하는 첫 단계는 지금 느끼는 감정을 스스로 정직하게 확인하는 것이다. 예를 들어, "내가 지금 느끼는 감정은 무엇인가?", "내 몸은 이 감정을 어떻게 표현하고 있는가?" 같은 질문을 스스로에게 수시로 던져보자. 또는 "내 심장이 빠르게 뛰고 있나?", "어깨가 긴장되어 있나?", "숨이 가빠지고 있나?"와 같이 몸의 반응을 살펴보는 것도 효과적이다. 감정은 '신체성'이라는 특성이 있기에, 구체적인 신체 감각을 자각하는 것은 감정 접촉에 지름길이다. 점차 미묘한 감정도 알아차릴 수 있게 된다.

감정 기록하기

감정을 글로 쓰는 것은 마음속의 혼란을 정리하고 생각을 줄여나가는 데 도움이 된다. "오늘 가장 강렬하게 느낀 감정은 무엇이었나?"라고 묻고, 이후에는 떠오르는 대로 자유롭게 적어나간다. 생각만 하는 것과 실제 글로 쓰는 것은 다르다. 짧게라도 글로 써볼 때 몰랐던 마음을 하나라도 분명히 알게 된다.

작은 사회적 상호작용

부담스럽고 복잡한 관계에 바로 뛰어들기보다는 부담이 없거나 적은 상호작용부터 시작해보자. 카페 직원에게 "안녕하세요"라고 먼저 인사하거나, 이웃에게 눈인사를 건네는 것도 충분하다. 이렇게 작은 연결부터 시작하면, 점차 사람에 대한 두려움이 줄어든다. 사회적 회피가 강할수록 아주 사소한 연결이 용기를 되찾아줄 수 있다.

긍정적 자기대화

두려움이 올라오거나 자기비난이 반복될 때 긍정적 자기대화는 불안을 조절하고 자존감을 회복시킨다. 다음과 같은 말을 스스로에게 건네보자. "지금 충분히 잘하고 있어", "이 감정은 지나갈 거야", "인생은 원래 어렵고 복잡한 거야. 힘내!"

이런 말은 단순하고 뻔해 보이지만, 나를 위로하고 회복시킬 수 있는 가장 근본적인 자원이다. 잊지 말자. 자신을 신뢰하는 것은 나를 향한 따뜻한 언어 안에서만 가능하다.

(((10)))

나의 회피성 체크

회피, 어디까지 괜찮을까?

앞서 살펴보았듯이, 특정한 생각이나 행동 양식이 지나치게 굳어지고 적응력을 잃으면 성격장애로 발전할 수 있다. 이번에는 회피성 성격장애Avoidant Personality Disorder, AvPD 진단 기준을 참고해, 자신의 회피 성향을 가볍게 점검해보자.

여기에서 중요한 건, '장애'라는 표현에 큰 의미를 두지 않는 것이다. 자신을 비판하거나 평가하기 위한 것이 아니라, 지나친 위축감이나 관계 회피가 내 삶에 얼마나 영향을 미치고 있는지 살펴보는 것이 목적이다.

회피성 성격장애는 사회적 억제, 부적절감, 부정적 평가에 대한 과민함이 생활 전반에 걸쳐 나타나는 것이 특징이다. 증상이 성인기 초기까지는 시작된 상태여야 진단이 가능하다는 점도 참고하자.[11] 아래 항목들은 회피 성향이 가지고 있는 일반적인 특성이다.

- 비판, 거절, 거부에 대한 두려움으로 관계와 활동을 제한하며, 사회적 상황에서 위축감을 느끼고 억눌려 있다.
- 스스로를 무능하거나, 매력적이지 않다고 여긴다. 타인이 자신을 좋아할 것이라는 확신이 서지 않는 한 타인과 얽히지 않으려 한다.
- 조롱이나 모욕, 창피를 당하는 것이 두려워, 아주 친한 사람과의 관계 외에는 새로운 대인관계를 꺼린다.

회피 성향은 누구에게나 어느 정도는 있는 심리적 경향이다. 하지만 그 정도가 얼마나 강한지, 또 상황에 따라 얼마나 유연하게 반응할 수 있는지에 따라 삶에 미치는 영향이 달라진다. 특히 사람들과 어울릴 때 느끼는 불안, 다른 사람의 평가에 민감하게 반응하는 태도, 불편한 감정을 피하려는 습관 같은 요소들이 회피 성향과 깊이 연결되어 있다.

회피 성향이 있다는 건, 내 안에 아직 감당하기 어려운 무언가가 있다는 신호다. 회피의 이유를 이해하게 되면 막연했던 두려움도 조금씩 윤곽이 드러난다. 그러면 두려움도 점차 약해진다. 조금씩 돌아보고, 너무 늦지 않게 마주보려는 용기가 필요하다.

'무엇'을 회피하는가
: 놓아버리는 대상에 관하여

'실패'를 회피하기

실패는 우리의 자아정체성에 직접적인 타격을 준다. 특히 자신을 유능한 사람, 성공적인 사람으로 인식하고 있는 경우, 실패는 그 자아상을 무너뜨리는 위협으로 작용할 수 있다. 그래서 실패를 피하려는 마음은 단순한 좌절 회피를 넘어선 보호 기제로 작동한다.

자기효능감[12]은 이런 마음을 잘 설명해준다. 자기효능감이 높은 사람은 실패를 일시적이고 극복 가능한 도전으로 보지만, 자기효능감이 낮은 사람은 실패를 '내가 잘못되었다'는 증거처럼 받아들인다. 그래서 실패에 대한 두려움은 도전 자체를 피하게 만들거나, 아예 '실패할 바엔 안 하는 게 낫다'는 태도로 이어지기도 한다.

이 과정에서 흔히 나타나는 전략이 완벽주의다. 완벽주의 성향이 강한 사람은 약간의 실수나 부족감조차 견디기 어려워한다. 때로는 '자기구실 만들기self-handicapping[13]'라는 방어가 나타난다. 예를 들어, "나는 원래 소심해서 모임에 잘 못 나가"라는 식으로 자신의 한계를 미리 설정해두는 방식이다. 실패했을 때 상처받지 않기 위한 일종의 면피 전략이다.

하지만 실패를 피하려는 태도가 문제를 없애주는 것은 아니다. 오히려 시간이 지날수록 우리 삶의 중요한 부분에 좋지 않은 영향을 미친다. 첫째, 자기신뢰가 점점 약해진다. 도전하지 않으면 당장은 편안할 수 있지만, 그 대신 '나는 이 정도도 못 하는 사람인가?', '나는 애초에 할 수 없는 사람이야'라는 자기의심이 쌓여간다.

둘째, 마음의 평온이 깨진다. 무언가를 시도하지 않았다는 사실은 종종 뒤늦은 후회로 찾아온다. '그때 해볼걸', '괜히 포기했어' 하는 생각이 자책하게 만들고, 불편한 마음이 계속 남는다.

셋째, 관계에서도 오해가 생긴다. 실패할까 봐 조심하고 물러서는 태도는 타인에게 무관심하거나 소극적인 사람처럼 비칠 수 있다. 사실은 두려워서 그런 건데, 상대는 속사정을 모르기 때문에 거리를 느끼고 관계가 멀어질 수 있다. 이처럼 실패를 피하려는 마음은 우리를 잠시 보호해주는 듯하지만, 결국에는 더 많은 불편함과 거리감을 만들어낸다.

'감정'을 회피하기

감정을 피하는 태도는 일상에서 자주 나타난다. 갈등을 피하려고 화가 나도 웃어 넘기거나, 슬픔을 느낄 틈 없이 자신을 바쁘게 몰아세우는 것처럼 말이다. 감정은 때때로 너무 낯설고 통제하기 어려운 것으로 느껴지기 때문에, 우리는 의식적으로 혹은 무의식적으로 감정을 외면하려 한다.

이러한 회피는 일시적인 안도감을 줄 수 있다. '나는 괜찮은 것 같아', '아직 견딜 만해'라고 자기위안을 하기 때문이다. 하지만 억눌린 감정이 계속 쌓이다 보면 결국 몸과 마음이 모두 상하게 된다. 무기력, 우울, 불안, 공황장애 같은 증상뿐 아니라, 편두통, 근육통, 불면 등 다양한 신체화로 나타난다.

처리되지 않은 감정은 반드시 돌아온다. 화나고 슬프고,

불안한 감정이 들더라도 나쁜 것이 아니다. 무엇에 상처받았는지, 어디를 치유해야 하는지 알려주는 것이다.

'변화'를 회피하기

변화는 늘 불확실성과 낯섦을 동반한다. 지금껏 익숙하게 살아온 방식에서 벗어나야 한다는 불편함과 새로운 환경에 적응해야 하는 부담감이 클 수도 있다. 변화는 우리가 알던 세계를 흔들어놓는 일이기 때문이다.

이러한 회피는 '상실에 대한 두려움 fear of loss'과 연결된다. 내가 익숙하게 만들어온 관계, 역할, 신념을 바꿔야 하는 것에 무의식적 불안이 작동한다. 레온 페스팅거 Leon Festinger의 인지부조화 이론[14]에 따르면, 사람들은 기존의 믿음과 새로운 정보 사이의 충돌을 불편하게 느끼며, 이 불편함을 줄이기 위해 변화를 피하려 한다.

선택의 기로에 섰을 때, 언제나 변화하는 쪽이 정답은 아니다. 그러나 변화를 선택해야 한다는 내면의 끌림이 있다면, 그 목소리를 무시하지 말고 귀 기울여보자. 그 목소리는 이제 더 이상 나에게 맞지 않는 삶의 방식에서 벗어나야 한다는 내면의 요청일 수 있다. '꼭 지금이 아니어도 된다', '지금도 괜찮은데 왜 굳이'라고 자신을 설득하다 보면, 나중에는 변화할 힘 자체를 잃게 될 수도 있다.

'어떻게' 회피하는가
: 놓아버리는 방식에 관하여

우리는 단지 불편한 것들만 피하지 않는다. 기쁘고 유익한 일조차 피하고 싶을 때가 있다. 좋아서 하고 싶은 일, 나에게 꼭 필요한 일, 심지어 해야만 하는 일까지도 말이다. 도대체 이런 마음은 뭘까?

'쾌'를 가까이 하고, '불쾌'를 멀리하려는 자연스러운 마음과는 다른 차원이다. 좌절과 실망의 가능성, 관계에서 생길 수 있는 예측 불가능한 사건들로부터 받게 될 스트레스, 거절이나 버림받음의 상처들을 원천 봉쇄하려는 무의식적인 의도가 바로 그 차이점이다.

이런 회피의 양상을 세 가지 마음으로 나누어볼 수 있다. 자신에게 '좋은 것을 허락하지 않는 마음', '필요한 것을 채우지 않는 마음', '해야만 하는 것에서 도망치는 마음'이다. 이 세 가지는 우리가 무엇을 욕망하고, 어떻게 선택하며 살아가는지를 보여주는 중요한 기준이다.

'좋은 것'은 감정적인 즐거움과 취향에 따른 선택이다. '필요한 것'은 기본적인 생존과 안정, 그리고 성장에 필요한 것들이다. '해야만 하는 것'은 자아실현의 목표, 자기주도적인 삶에 관한 것이다. 좋아하는 것을 할 때 우리는 기쁨을 느끼고, 필요한 것을 충족할 때 안정감을 얻으며, 해야만 하는 일을 해낼 때 성취감을 느낀다.

이 셋은 독립적으로 작용하기도 하지만, 종종 서로 얽히기도 한다. 예를 들어, 좋아하는 것을 할 때 필요한 것을 충족할 수 있다면 최고의 만족감을 느낄 수 있다. 취미가 생계의 수단이 되는 경우다. 반대로 해야만 하는 일을 좋아하게 된다면 더 이상 부담이 아닌 즐거움이 될 수 있다. 의무적으로 시작한 일이 열정으로 이어지는 경우다. 하지만 필요한 것이 채워지지 않으면, 좋아하는 일을 할 여유도, 해야 할 일을 해낼 힘도 떨어지게 된다. 그래서 결국 이 세 가지의 조화가 건강한 삶의 토대가 된다.

'원하는 것'을 피하기

원하는 것을 피한다는 말이 언뜻 이해가 잘 안 될지도 모른다. 우리는 대부분 좋은 것을 원하고, 그것을 얻기 위해 노력하니까 말이다. 하지만 심리학적으로 보면, 이런 행동은

'자기파괴적 회피self-sabotage'로 설명할 수 있다. 이는 자신이 원하는 것을 앞에 두고도, 불안과 두려움 때문에 스스로 그 길을 막아버리는 심리를 말한다. 예를 들어, 원하던 목표에 가까워졌지만 그 목표를 거의 이루려는 순간, 다음에 닥칠 책임감이나 평가, 실패에 대한 불안이 커지면서 갑자기 하던 일을 열심히 하지 않거나, 돌연 포기해버리는 식이다.

민지 씨는 30대 초반의 대학원생으로, 어린 시절부터 바이올린 연주를 통해 기쁨과 성취감을 느꼈다. 하지만 시간이 지나면서 최근에는 무대가 즐거움보다는 두려움의 공간이 되었다. 실수와 평가받는 일이 무섭게 다가왔고, 결국 그녀는 무대가 아닌 이론과 교육 쪽으로 진로를 틀었다. 단지 무대 공포 때문이 아니었다. 그녀의 마음속에는 '내가 이걸 해내지 못하면 나라는 사람 전체가 부정당할지도 몰라'라는 깊은 두려움이 있었다. 민지 씨는 자신이 좋아했던 일을 스스로 멀리했고, 그 뒤로 우울감과 짜증에 시달리며 자신감을 점점 더 잃어갔다.

불안은 통제할 수 없는 상황이나 결과에 대한 두려움에서 비롯된다. 이럴 때는 내가 진짜 원하는 게 무엇인지를 다시 확인해보는 과정이 필요하다. 민지 씨의 경우, 바이올린 연주가 단지 부담스러운 목표인지, 아니면 여전히 그녀의 열정과 연결된 꿈인지를 진지하게 되돌아볼 필요가 있었다. 목표를 나의 가치와 연결시킬 수 있다면, 미래의 불안보다는 있는 그대로의 삶이 가지는 의미에 더 집중할 수 있다.

불안을 다룰 때는 머릿속에서 증폭되는 부정적인 상상을 줄이는 연습을 해야 한다. '사람들이 나를 부족하게 볼 거야', '어설퍼 보이면 끝장이야' 같은 생각이 들 때는 다음과 같은 마음 자세가 필요하다. '어느 정도 타인의 평가를 받고 사는 건 당연한 거야. 나도 늘 타인을 평가하고 살잖아.' 평가나 실패를 피하는 것보다 그것들을 받아들이고도 무너지지 않는 힘을 키우는 일이 더 중요하다.

앞서 말했듯 불안은 삶에서 완전히 없앨 수 없는 기본값 같은 거다. 기본값을 완전히 삭제해버리면 다른 필수적인 기능도 수행할 수 없다. 불안이 어느 정도 있어야 현실적인 사고도 하고, 성취도 할 수 있다. 불편한 감정이 싫다고 해서 없어지길 바라기보다는 불편함을 삶의 일부로 받아들일 필요가 있다. 원하는 것을 추구하는 가운데 두려움이 밀려온다면, 그것은 내게 진정으로 중요한 것에 다가가고 있다는 좋은 사인일 수 있다. 그 신호를 따라가며, 한 걸음씩 계속 내디뎌보자.

'필요한 것'을 피하기

'꼭 필요한 걸 왜 못 하냐?'라고 생각할 수 있지만, 어떤 사람에겐 참 어려운 일이다. 건강을 챙겨야 한다는 걸 알면서도 운동을 미루고, 지금 쉬어야 한다는 걸 알면서도 계속 무리하게 되는 것. 이런 회피는 게으름이나 무모함의 문제가 아니다.

이런 마음의 배경에는 '필요한 것을 얻는 순간 새로운 책임이 시작된다'라는 무의식적 두려움이 숨어 있다. 건강해지고 싶지만 건강해지면 더 많은 일을 해내야 할 것 같고, 더 열심히 살아야 할지도 모른다는 압박이 있을 수 있다. 충분히 쉬고 나면 다시 잘 해내야 할 것 같은 부담이 따른다. 돌봄과 회복이 끝이 아니라 또 다른 과제를 불러온다는 생각에, 오히려 지금의 부족한 상태에 머무는 쪽이 편하게 느껴진다. 그래서 필요한 것을 채우는 일조차 피하게 되는 것이다. 필요한 것을 피하는 사람들은 종종 자기돌봄을 이기적이거나 사치라고 여긴다.

지수 씨는 건강에 신경을 쓰는 일이 죄책감이 든다고 말했다. 어릴 때부터 '다른 사람을 먼저 생각해야 한다'는 말을 자주 들어왔고, '스스로를 돌보는 시간'을 누리는 일이 왠지 미안하게 느껴졌던 것이다. 하지만 어느 날, 몸도 아프고 마음도 지친 상태로 집에 돌아온 그녀는 문득 이런 생각이 들었다. '내가 이렇게 무너지면, 결국 아무에게도 도움이 되지 않잖아.' 그녀는 처음엔 이런 이유로 자신을 돌보기 시작했다. 하지만 곧 깨달았다. 자기돌봄은 누군가를 위한 게 아니라, 그 자체로 나의 권리이자 책임이라는 것을.

필요한 것을 외면하는 마음은 나 자신을 후순위로 두는 습관과 관련 있다. '나는 나를 어떻게 대하지?', '지금 나에게 꼭 필요한 것은 뭐지?' 이 질문은 실용적인 점검뿐 아니라, 삶을 마주하는 태도에 관한 것이다. 어떤 날은 푹 자는 일이, 어떤 날은 따뜻한 밥 한 끼를 챙기는 일이, 어떤 날은 용기를 내어 전화를 거는 일이 될 수 있다. 정답은 없다. 언제나 나 자신에게 귀 기울이는 마음이 필요할 뿐이다.

스스로에게 필요한 것을 허락하지 못한다면 결국 내 삶에서 나를 소외시키게 된다. 나는 나를 어떤 존재로 여기고 있는지, 내 삶을 어떻게 대우하고 있는지 생각해보자.

'해야만 하는 것'을 피하기

해야만 하는 일을 피하고 싶은 마음은 단순히 '귀찮은 게 싫은 것'과 다르다. 이 마음 깊은 곳에는 자신의 행복과 성공을 제한하는 무의식적인 신념이 숨어 있을 수 있다. '나는 행복하면 안 돼', '나는 잘되면 안 돼' 같은 마음이다. 이런 자기 처벌적인 신념은 내 삶에서 진짜 해야만 하는 중요한 것을 피하게 만든다.

내면의 금지령은 대개 어린 시절에 형성된다. 가족 안에서 누군가 슬픔이나 고통을 오래 겪고 있을 때, 어린아이는 무의식적으로 그것을 함께 짊어진다. '나만 괜찮아도 될까?', '기뻐하면 안 될 것 같아' 같은 느낌이 반복되면, 보이지 않는 자기 억제의 규칙이 만들어진다. 규칙은 이런 식이다. '너무 기뻐하면 나쁜 일이 생길 거야', '행복을 누리면 벌을 받을지도 몰라', '내가 지금 이 상태 이상으로 좋아지면, 누군가는 상처받을 거야.' 이런 규칙들은 말이 안 되는 것 같지만, 마음속에서는 아주 일관된 논리로 작동한다. 자신의 삶을 적극적으로 살아내는, 즉 자율성을 회피하는 것이다.

정민 씨는 중요한 리포트 쓰기를 마지막 순간까지 미루다 결국 엉성한 결과물을 제출하곤 했다. 일이 끝나고 나면 늘 후회했고, 열등감과 죄책감에 시달렸다. 이런 반복은 게으름이나 시간관리 실패로 설명되지 않았다. 그녀에게는 '나는 행복하면 안 돼'라는 뿌리 깊은 신념이 있었다.

중학교 때, 네 살 많은 오빠가 병으로 세상을 떠난 후, 정민 씨의 가족엔 슬픔이 가득했다. 그녀는 감정을 자유롭게 표현하지 못했고, 자신의 행복이 엄마를 더 힘들게 할 수 있다는 두려움을 품게 되었다. 엄마가 자주 했던, "이렇게 맛있는 걸 먹어도 되나 모르겠다"라는 말이 그녀의 무의식에 깊은 영향을 미친 것이다. 그 결과, 정민 씨는 중요한 순간마다 스스로 기회를 내려놓는 습관을 가지게 되었고, 자신이 해야만 하는 일, 즉 자신의 삶을 주도적으로 살아내는 일을 스스로에게 허락하지 않게 되었다.

'내 삶을 살고 싶다'는 마음을 인정하자. 자율과 독립의 욕구는 누구에게나 주어진 인간의 본능이다. 다만 오랫동안 억누르거나, 자신조차 인식하지 못한 채 살아왔을 뿐이다. 융은 '나의 삶을 사는 것'이 인간에게 주어진 가장 중요한 윤리적 의무라고 말했다. 따라서 '내 삶을 사는 것'은 단지 '하면 좋은 일'이 아닌, 반드시 '해야만 하는 일'이다. 혹시 당신은 지금 행복해지고 싶고, 사랑하고 싶고, 더 잘 살고 싶은 마음을 억누르며 살아가고 있지는 않은가. 이제는 그 모든 마음을 정당한 것으로 받아들이고, 삶의 주도권을 다시 나에게 돌려줘야 할 때다.

세 가지 회피가 드러나는 방식

회피의 그림자는 다양하다. 어떤 사람은 기대와 관심을 피하고, 어떤 사람은 자기돌봄을 외면하며, 또 어떤 사람은 독립과 책임 자체를 회피한다. 원하는 것, 필요한 것, 해야만 하는 것을 피하는 방식은 다르지만, 결국 상처받지 않으려는 마음과 다시 그것을 반복한다는 공통점이 있다.

'원하는 것을 피하는 회피'는 사랑이나 기대 같은 감정을 감당하지 못해 스스로 기회를 차단한다. 그 안에는 '내가 누려도 될까?' 하는 죄책감과 불안이 있다. '필요한 것을 피하는 회피'는 자기돌봄이나 안정감 같은 내적 자원을 하찮게 여기며, 정작 필요할 때 자신을 보호하지 못한다. '해야만 하는 것을 피하는 회피'는 자율성과 책임을 억누르고, 주체적으로 살아가려는 마음과 자기불신 사이에서 갈등한다.

다음의 표는 이처럼 회피가 드러나는 세 가지 방식의 태도, 감정, 내면의 갈등을 정리한 것이다. 회피는 단순히 피하는 행동만을 문제 삼을 일이 아니다. 회피 행동에는 감정과 욕구, 그리고 '나는 어떤 사람인가'라는 자기인식이 복잡하게 얽혀 있다. 이렇게 여러 층위가 결합된 결과로 자기인식을 이해해야 한다.

회피가 드러나는 방식

	좋은 것을 회피	필요한 것을 회피	해야만 하는 것을 회피
드러나는 태도	기대를 차단하거나 관심을 피함	자기돌봄을 사소하게 여기거나 피함	자율성, 독립성을 억압
자기개념	기회를 감당할 자격이 없다고 느낌	자신을 돌볼 자격이 없다고 느낌	내 삶을 이끌 자격이나 능력이 없다고 느낌
내적인 감정	'내가 누려도 될까' 하는 죄책감과 불안	우울, 자기소외	두려움, 불안, 공허
억압된 감정	기대감, 설렘 등 긍정적인 감정	자기연민, 분노	열망, 자율성/주도성의 욕구
심리적 욕구	내가 좋아하는 것을 누리고 싶다는 정당한 욕구	자기돌봄과 정서적 안정감의 욕구	자율성에 대한 본능적인 욕구
내면의 갈등	기쁨과 기대를 품고 싶지만, 실망이 두려워 기대 자체를 차단	자기돌봄을 원하는 마음과 허락하지 않는 내면 검열자 사이의 충돌	주체적으로 살고 싶은 마음과 책임을 질 자신이 없다는 자기불신 간의 갈등
갈등 대처 방식	기쁨과 기회를 차단, 감정 회피 전략	욕구나 필요 억제, 합리화	결정 미루기, 기회 포기, 타인 책임화

(((11)))

회피에 숨겨진 심리

책임감이 너무 강해
회피하기도 한다

스스로를 옥죄는 책임감에서 벗어나고 싶을 때, 사람은 멈추는 쪽을 택하기도 한다. 그래서 책임감이 강한 사람이 오히려 회피하는 모습을 보일 때가 있다. 이들은 고집이 세거나 꼼짝도 하지 않는 것처럼 보인다. 어떤 면에서는 그런 태도 때문에 초연하고 단단해 보이기도 한다.

하지만 그 위장된 단단함 아래엔, 삶에 대한 과도한 경계심과 불안을 품고 있다. 직면을 피하고, 무언가 결정하는 것도 쉽지 않다. 사실은 모든 가능성을 대비하느라 지쳐 있는 상태다.

이들의 마음을 이해하려면 먼저 의존의 욕구를 살펴봐야 한다. 누군가에게 기대고 싶다는 자연스러운 감정을 억누를수록, 책임감에 대한 부담은 더 커지고, 무능에 대한 두려움도 커진다. '책임을 다하지 못하면 내 한계가 드러날 거야'라는 왜곡된 신념은 과도한 죄책감으로 이어진다. 그런데 이런 감정조차 인정하기 힘들기 때문에, 이들은 종종 남 탓이나 환경 탓을 하며 자신을 보호한다. 문제는 그마저도 쉽게 인정하지 못한다는 점이다.

이들은 좋은 학력이나 명석한 두뇌 같은 자원을 갖고 있는 경우가 많다. 대충 해서는 안 된다는 강박, 최고가 되고 싶다는 욕망도 크다. 그런데 욕망이 클수록, 이뤄야 한다는 압박도 커진다. 결국 아예 시작하지 않는 쪽을 택하게 된다. 아무것도 바라지 않고, 아무것도 하지 않는 태도로 자신을 지킨다. 하지만 욕망과 책임감을 억누를수록 에너지는 더 소모된다. 반대로 그것을 있는 그대로 인정하면 억누를 필요가 없어지기에 한결 힘이 덜 든다.

희준 씨는 좋은 대학을 나와 이름 있는 직장에서 일했지만,

사람들과의 갈등이 힘들었다. 그가 겪은 갈등은 조직에서 흔히 있는 수준이었지만, 그에게는 위장병이 생길 정도로 큰 스트레스였다. 결국 그는 퇴사를 했고, 단기 아르바이트를 전전하다가 우울이 깊어져 상담실을 찾았다.

그는 어릴 때부터 똑똑하다는 말을 들으며 자랐고, 부모의 기대를 늘 의식했다. 더 좋은 대학에 가지 못한 자신에게 크게 실망했고, 회사에서는 인정받으면서도 늘 최고의 업적을 내는 사람들과 자신을 비교하며 자책했다.

상담을 받던 어느 날, 그는 이렇게 말했다. "내가 부모와 회사까지 다 책임지려 했던 거네요." 그는 속 시원한 듯한 웃음을 지었다. 자신이 쥐고 있던 거대한 자아상의 실체를 처음으로 직면한 순간이었다.

사례 속의 희준 씨처럼 책임감이 큰 사람일수록 '게으르다', '무책임하다'는 평가에 민감하다. 그래서 자신을 드러내지 않는 방식으로 노력을 하며 묵묵히 살아가는 경우가 많다. 하지만 모든 일을 원하는 대로 통제할 수는 없다. 감당하기 어려운 책임까지 끌어안을 필요는 없지만, 지금 내가 할 수 있는 일과 해야 할 일을 분별하는 일은 필요하다.

이상적인 자아가 요구하는 대단한 결과보다 더 중요한

건, 그 과정에서 어떤 선택을 했고, 어떤 지점에서 현실과 균형을 맞췄는지다. 책임은 무한히 짊어지는 게 아니다. 내 능력과 상황에 맞게 조율해가는 것이다.

지나치게 독립적인 나, 괜찮은 걸까?

지나치게 독립적인 태도 역시 억압된 내면의 갈등에서 비롯되는 경우가 많다. 의존 욕구를 외면한 사람일수록 '남에게 기대지 않고 내 힘으로 살아야 한다'는 강박에 빠지기 쉽다. 독립은 얼핏 바람직해 보이지만, 실제로는 과잉보상의 형태로 작동하는 경우가 많다.

양쪽 끝에 '의존'과 '독립'이 놓인 시소를 떠올려보자. 균형을 유지하려면 적당히 흔들리는 유연함이 필요하다. 그러나 의존을 지나치게 억누르면, 그 반동으로 독립 쪽으로 쏠리게 된다. 결국 시소는 균형을 잃는다. 이렇게 나타난 독립성은 더 이상 자연스럽고 탄력적인 상태가 아니라, 경직되고 부자연스러운 태도로 드러난다. 억압된 욕구는 과장된 방식으로 되살아나는 법이다.

앞선 희준 씨의 사례는 이 점을 잘 보여준다.

희준 씨는 타인의 도움을 받는 상황에서 자존심이 상하고, 자신이 남보다 못하다는 굴욕감을 느꼈다고 털어놓았다. 늘 도와주는 쪽에 서며 '괜찮은 사람'이라는 자아상을 지키려 애썼다. 그러던 어느 날 상담 중, 그는 이렇게 말했다. "전 어머니 뱃속처럼 완전무결한 안전지대를 원했던 것 같아요."
그 말에 스스로도 놀란 듯했다. 자기 안의 의존 욕구를 인정하고 표현한 것이다. 그는 누군가를 좋아해도 가까워지는 일이 쉽지 않았다. 상대에게 완전하지 않은 자신을 들킬까 봐 두려웠고, 상대에게 어떤 요구를 받으면 억압당하는 기분이 들어 거리를 두었다. 그러다 보니 무의식적으로 타인을 좌절시키는 방식으로 자신을 떠나가도록 만들었다. '연결되고 싶다'는 마음과 '자유롭고 싶다'는 갈망이 충돌할 때, 우리는 자신도 모르게 관계를 어긋나게 만든다.

이런 내면의 갈등은 흔히 양가감정에서 비롯된다. 어느 하나의 감정을 억누르면, 그 반작용으로 내면의 균형은 깨지고, 삶은 점점 불안정해진다. 이런 긴장을 이해하게 되면, 자신이 왜 그런 행동을 반복해왔는지를 납득하게 되고, 그 자체만으로도 위안이 된다.

하지만 이해만으로 문제가 해결되지는 않는다. 정신분석가 카렌 호나이는 모든 신경증은 '성격적 신경증character neurosis'에서 비롯된다고 보았다. 즉, 오랫동안 반복된 사고방식과 행동 패턴이 성격으로 굳어졌기 때문에 쉽게 바뀌지 않는다는 뜻이다. 그렇다고 변화가 불가능한 건 아니다. 우리는 지금도 변화하고 있다.

혹시 지금, 내가 지나친 독립성이나 자기억압에 짓눌려 있는 건 아닌지 돌아보자. 그렇다면 이제 그 짐을 조금 내려놓아도 괜찮다고 스스로를 허락해주자. 과잉 독립은 일종의 심리적 새장일지도 모른다. 그 안은 안전해 보이지만, 실은 관계와 연결로부터 자신을 차단하는 구조물이다. 새가 새장을 나와 날아오르는 건 두렵지만, 그 두려움을 안고 날아올라야만 진짜 자유와 성장을 경험할 수 있다. 작은 새처럼, 우리도 날아오를 용기를 가져보자. 자기 자신을 이해하고 받아들이는 건 쉽지 않지만, 그만큼 의미 있는 일이다.

나와의 힘겨루기가
두려운 사람

회피 성향이 강한 사람들은 종종 게으르거나 불성실하다는 오해를 받는다. 실제로는 그렇지 않음에도 겉보기에는 그렇게 보일 수 있기 때문이다. 더 안타까운 건 이들 자신도 스스로를 그렇게 믿고 있다는 점이다.

하지만 이들은 그렇게 보일 뿐이지, 실제로는 다르다. 무기력하거나 뒤로 물러나는 행동은, 오히려 과도한 예민함과 방어에서 비롯된 것이다. 그 모습이 마치 무관심하거나 무책임하고 태만해 보일 수 있다. 여기에는 또 다른 요인이 있다. 바로 의지력이다. 의지력의 문제는 의존하는 사람에게도 있을 수 있지만 이들은 자신의 이미지가 중요하기 때문에 잘 드러내지 않는다. 그래서 의지력이 부족하다는 인식은 의존 성향보다 회피 성향을 가진 사람들에게 더 자주 따라붙는다.

의지력은 단순한 근성이나 인내심과 다르다. 스스로를 조절하면서 에너지를 감당 가능한 방식으로 분배할 수 있는 능력이다. 의지력이 강하다고 해서 더 성숙하거나 우월하다고 말할 수는 없다. 그 힘은 자아의 탄탄함(자아강도)과 주변 환경의 방해 요인에 따라 달라지기 때문이다. 그런데 자아강도가 낮다면 외부 유혹이나 갈등 앞에서 쉽게 흔들린다. 게다가 방해 요소까지 많다면 유혹을 뿌리치는 데 더 많은 에너지를 써야 하고, 더 빨리 지칠 수밖에 없다. 자기 자신과 승부도 나지 않는 싸움을 계속해야 하는 것이다.

의지력 자체가 자기 자신과의 싸움이기도 한데, 내적으로는 자아강도가 낮고, 외적으로는 방해 요소가 많다면 자신과의 싸움을 스스로 감당하기 힘든 지경에 이르게 된다. 회피적인 성향을 갖고 있는 사람은 성격적 요인을 바탕으로 해서 내부와 외부의 장애물을 더 벅차게 느끼고, 결국 자신과의 싸움 자체를 피한다.

30대 후반의 재경 씨는 오랫동안 비슷한 꿈을 반복해서 꾸었다. 꿈속에서 그녀는 늘 시험 시간에 늦거나, 중요한 순간에 사소한 실수로 실패했다. 수업 중 몰래 음식을 먹다 선생님께 혼나거나, 목마름을 참지 못해 교실을 나오는 식이었다.
이 꿈은 그녀의 내면의 갈등을 상징적으로 반영하고 있다. 선생님으로 등장하는 내면의 안내자는 인내하고 용기를 내라고 말하지만, 꿈속의 그녀는 늘 그 메시지를 외면하고 만다. 현실에서도 마찬가지였다. 중요한 순간마다, 그녀는 당장의 편안함을 선택했고, 그 때문에 원하는 것을 자주 놓쳤다.

재경 씨는 대학 시절 그림으로 상도 받고 실력을 인정받은 적이 있었다. 그러나 친구가 활발하게 활동하는 모습을 보며 위축되었고, 자신은 물러나는 쪽을 택했다. 처음엔 경쟁이 두려워서라고 생각했지만, 상담을 통해 알게 된 건 달랐다. 그녀가 진짜로 두려워했던 건 다른 사람이 아니라, 자기 자신과의 싸움이었다. 이상적인 자아상이 너무 컸고, 현실의 작은 실패조차 수치심으로 이어졌다. 그녀는 현실의 장벽을 실제보다 과장해서 해석했고, 그 앞에 주저앉는 자신을 한심하게 여기며 자기미움의 덫에 빠져 있었다. 그녀가 마주한 싸움은 타인과의 경쟁이 아니라, 자신을 향한 기대와 두려움 사이의 내면 전쟁이었다. 그 싸움을 피한 대가로, 그녀는 오랫동안 스스로를 붙잡지 못한 채 머물러 있었다.

회피하기 위해
당장의 만족을 좇는 나

재경 씨는 자기 자신과의 힘겨루기를 두려워하며 중요한 선택을 반복해서 미뤘다. 그러나 그녀의 회피는 단지 '아무것도 하지 않는 것'에 그치지 않았다. 결정적인 순간 더 즉각적인 만족과 자극을 좇는 방식으로 나타나기도 했다.

이처럼 회피는 때로 당장의 불편함을 피하기 위한 심리적 전략으로 작동한다. 겉으로는 단순히 무기력해 보일 수 있지만, 그 이면에는 자기 자신과의 갈등에서 비롯된 깊은 불안과 방어 심리가 자리 잡고 있다. 재경 씨가 반복해서 꿨던 꿈 역시, 그런 불안의 무의식적 발현으로 읽을 수 있다.

의지력은 삶의 방향을 정하고 나아가기 위한 핵심적인 내면의 힘이다. 잡을 것은 잡고, 놓을 것은 놓을 수 있는 실행 능력이 바로 의지력에 있다. 재경 씨는 이런 힘이 충분히 작동하지 못한 상태에서 반복적으로 중요한 기회를 자주 놓아버렸고, 자신의 재능과 욕구도 함께 뒤로 물렸다.

그녀의 행동은 외부 자극이나 욕구에 쉽게 휘둘리는 모습으로 나타났지만, 그 밑바탕에는 자신을 지탱하는 내적인 힘이 부족했다. 의지력은 단순히 버티는 힘이 아니라, 자기조절 능력과 자존감, 고통을 수용하는 능력과 상관 있다. 힘이 약해진 상태에서는 어떤 결정도 부담스럽게 느껴지고, 책임을 요구받는 상황은 그 자체로 감당하기 힘든 위협처럼 다가온다.

회피는 자기 자신에 대한 부정적 평가와도 연관이 있다. 재경 씨는 자신을 나약하고 한심하다고 느꼈다. 이런 믿음은 그녀를 또다시 실패의 가능성에서 도망치게 만들었다. 사실 성공과 실패의 가능성은 언제나 공존하지만, 실패에 대한 두려움이 유독 큰 이유는 자신의 가치를 타인과 비교해서 판단하려는 경향 때문이다. 스스로를 믿지 못할수록, 사람은 타인의 기준을 따라간다. 이런 특성은 자존감과 자기효능감이 낮은 사람에게서 흔히 나타난다.

융의 그림자 개념

융의 그림자 개념으로 보면, 재경 씨는 자신의 약점과 본능을 억압하며 내면의 그림자와 마주하길 회피한 셈이다. 융은 그림자를 받아들이지 않을수록, 그림자가 우리 삶을 더욱 혼란스럽게 만든다고 보았다. 재경 씨의 내적 갈등도 결국, 받아들이지 못한 자신의 일부(그림자)로부터 비롯된 것이었다. 이 주제는 뒤의 4부에서 더 깊이 다룰 것이다.

이럴 때는 진정한 회복으로 나아가기 위해선 먼저 자기 자신과 화해해야 한다. 자신의 불완전함과 실수를 인정하고, 욕망과 재능을 과소평가하지 않는 태도. 무엇보다 스스로에게 더 따뜻한 시선을 보낼 수 있어야 한다. 꿈을 붙잡는다는 건 단지 욕망을 실현하는 일뿐 아니라, 두려움에도 불구하고 스스로를 믿어주는 용기를 말한다.

결국 중요한 것은 자기 자신을 믿고 받아들이는 일이다. 우리는 누구나 두려움을 느끼고 실수를 한다. 하지만 그것이 내 존재를 상하게 하지는 않는다. 인생을 감옥이 아니라 배움의 장으로, 고된 분투가 아니라 성장의 여정으로 바라보자. 나는 아직 배우는 중이다. 그 자체로 충분하다. 스스로를 꾸짖기보다, 배워가는 학생으로, 때로는 삶과 함께 춤추는 존재로 살아보자.

(4부) **균형**

무엇을 어떻게 잡고
놓아줄 것인가

(((12)))

자기인식,
나 알아차리기

나를 찾는
여정의 시작

삶은 우리가 자신을 어떻게 대하는지에 따라 그에 걸맞은 얼굴을 보여준다. 그래서 세상은 내 마음을 비추는 거울과 같다. 내면을 진실하게 바라보고 성찰하며, 불완전함을 담담하게 수용할 때, 삶은 그 정직함에 응답하는 방식으로 우리를 성장시킨다.

'나'를 아는 일은 특별한 수행이 아니다. 나의 감정, 생각, 태도, 선택을 있는 그대로 알아차리는 일이다. 이 정직한 관찰이야말로 우리가 삶과 관계 맺는 방식의 핵심이다. 4부에서는 '잡는 법과 놓는 법'의 균형을 어떻게 실천할 수 있을지 구체적으로 살펴본다. 그 첫 번째 단계가 '있는 그대로의 나'를 알아차리는 자기인식이다.

심리학자 대니엘 골먼Daniel Goleman은 감성지능의 핵심 요소로 자기인식을 꼽았다.[15] 자기인식은 나의 감정, 강점과 약점, 가치관과 동기 등을 정확히 인식하는 능력이다. 이 능력은 나의 행동을 더 잘 이해하게 하고, 더 나은 결정을 내리는 데 중요한 역할을 한다. 골먼은 자기인식을 세 가지 구성요소로 나누어 설명한다. 감정인식, 정확한 자기평가, 그리고 자기신뢰다.

자기인식은 3부에서 설명한 것과 같다. 먼저 감정을 인식하는 것부터 시작한다. 감정인식은 내가 지금 어떤 감정을 느끼는지 알아차리는 능력이다. 감정에 이름을 붙이고, 그 감정이 생긴 원인을 이해하고, 감정의 흐름을 추적한다. 예를 들어, '내가 이런 불안과 집착이 있구나' 하고 알아차리고, 그다음에는 그 감정이 어떻게 생겨났고, 지금의 나를 어떻게 보호해왔는지를 차분히 살펴보는 거다.

정확한 자기평가는 자신의 강점과 약점을 공정하게 바라보는 능력이다. 잘하는 것과 부족한 부분을 명확히 인식하고, 이를 바탕으로 성장의 기회를 찾는다. 부족한 점에만 집중해 자기비난에 빠지거나, 반대로 잘하는 점만 과대평가하며 착각하는 태도는 경계해야 한다. 정확한 자기평가는 자기 자신을 균형 있게 바라보는 일이다.

자기신뢰는 자신의 능력과 선택을 믿고 책임질 수 있는 내적 확신이다. 자기신뢰가 높은 사람은 현실적인 목표를 세우고, 타인의 평가에 휘둘리지 않고 나의 기준에 따라 결정한다. 이때 중요한 것이 자기표현이다. 내 감정과 생각을 긍정적인 언어로 표현할 수 있어야 한다. 또한 자기신뢰에는 도움을 청할 수 있는 용기, 선택 이후 결과를 성찰하는 태도도 포함된다.

30대 초반의 마케팅 매니저 지현 씨는 직장 생활과 가족 관계 모두에서 어려움을 겪고 있었다. 동료들의 피드백에 쉽게 상처받고, 회의에서는 말을 꺼내지 못한 채 열등감에 시달렸다. 가족 관계에서는 '말 잘 듣는 딸'로 살아오며 어머니의 기대를 저버리지 않으려 했지만, 그 기대가 자신을 점점 더 움츠러들게 만들고 있다는 걸 깨닫기 시작했다. 이런 내면의 갈등은 결국 '내가 누구인지, 무엇을 원하는지'에 대한 물음으로 이어졌다.

지현 씨는 작은 실천부터 시작했다. 하루 동안 어떤 감정을 느꼈는지 기록해보고, 타인의 피드백을 방어하지 않고 듣는 연습을 했다. 그녀는 점차 자신의 감정 반응과 행동 패턴을 알아차리게 되었고, 자신과 삶을 다르게 보기 시작했다.

자기성찰 훈련

자기성찰은 단순히 나를 들여다보는 행위가 아니다. 심리학적으로는 자기인식을 바탕으로 행동의 원인과 반복되는 선택의 패턴을 분석하는 일이며, 인문학적으로는 어떻게 살아갈 것인지에 대한 사유와 실천이다. 여기에 영성의 관점을 더하면, 자기성찰은 존재의 근원과 연결되는 길이다. 다시 말해, 나의 욕망과 두려움 너머에 있는 더 큰 의식, 더 깊은 나를 만나는 과정이다.

'나는 어떤 사람인가', '무엇을 두려워하고, 무엇을 원하는가', '지금 내가 여기에 있는 이유는 무엇인가.' 이런 질문에는 더 나아지려는 의지와 지금의 나를 인정하는 용기, 그리고 '기꺼이 살아내기'가 함께 담겨 있다. 결국 자기성찰은, 불완전한 내가 존재와 삶의 의미를 찾고, 그 답을 내 삶의 언어로 꾸준히 써나가는 과정이다.

피드백

나를 더 깊이 이해하려면 때로는 다른 사람의 시선이 도움이 된다. 믿을 만한 사람에게 나의 강점과 부족한 점에 대해 피드백을 부탁해보자. 그들의 말이 꼭 맞는 건 아닐 수 있지만, 그 안에 내가 보지 못하는 무언가가 담겨 있을 수 있다. 중요한 것은 열린 마음으로 들어보는 거다. 그 시선이 맞고 틀린지를 따지는 대신, 나에 관한 어떤 힌트가 담겨 있는지 살펴보자. 참고할 것만 가져오면 된다.

마음챙김 연습

부정적인 감정은 갑자기 폭발하지 않는다. 대개는 몸과 마음에 작은 징후와 긴장감이 먼저 찾아온다. 이때 감정을 다스리는 유용한 방법 중 하나가 감정을 신호등처럼 구분해보는 방식이다. '감정신호등 기법'은 감정에 바로 휩쓸리지 않고, 잠시 멈춰 바라보는 습관을 길러준다. 빨간색은 멈춤의 신호다. 노란색은 주의, 녹색은 안정의 신호로, 세 단계로 감정의 강도를 나눈다. 지금 내 상태에 어떤 불이 켜졌는지 상상하며 1~2분간 그 상태에 가만히 머물러본다. 복잡한 분석 없이도 감정의 흐름을 인식하고 마음을 추스르는 데 효과적이다.

빨간색(멈춤)　감정이 너무 격해져 판단이나 대응이 어려운 상태. 즉각적인 행동을 피하고, 심호흡을 하거나, 잠시 그 자리를 벗어나 몸부터 진정시킨다.

노란색(주의)　감정이 점점 고조되고 있다는 경고 신호. '내가 지금 불안해지고 있구나' 하고 알아차리며, 상대에게 감정적으로 반응하지 않도록 조절해본다.

녹색(안정)　감정이 비교적 안정되어 있고, 상황을 이성적으로 처리할 수 있는 상태. 지금의 감정 상태를 인정하면서, 스스로에게 안정감을 주는 말을 건네본다. "괜찮아, 지금 잘하고 있어" 같은 나와의 대화는 감정의 균형을 유지할 수 있게 한다.

자기인식은 특별한 순간, 특별하게 하는 일이 아니다. 무심코 흘린 말 한마디, 스쳐 지나간 감정 하나를 놓치지 않으려는 마음에서 시작된다. 그런데 이런 '깨어 있음'도 훈련이 필요하다. 내가 어떤 상황에 약한지, 무엇에 예민한지, 그냥 그런 나를 알아보는 시간이 쌓이면 내면의 중심이 단단해진다. 나를 바꾸려 애쓰는 대신, 그저 나와 함께 살아보는 거다.

보상과
과잉보상에 관하여

나를 제대로 이해하려면 내가 무엇을 감추고 있는지를 알아야 한다. 그런데 우리는 종종 자신의 결핍을 외면한다. 대신 결핍을 보완하려는 방식, 즉 보상을 통해 나를 지탱하려 한다. 이 보상심리는 우리의 사고와 행동을 결정짓는 중요한 요소이며, 자기인식을 방해하거나 왜곡시키는 무의식적 패턴으로 작동한다.

우리 마음은 결핍을 결코 그냥 두지 않는다. 부족한 것을 채우려는 무의식적 시도는 보상 또는 과잉보상이라는 형태로 드러난다. 작동 방식을 이해하면 내가 왜 그렇게 말하고 행동하고 반응하는지를 한층 깊이 통찰할 수 있다. 이처럼 자기인식은 결핍을 직면하고 보상의 방식까지 꿰뚫어 본다.

건전한 보상

보상이 건전하게 작동할 때는 결핍을 정직하게 인식하고 다룰 수 있다. 예를 들어, 부모를 일찍 여의고 정서적 결핍을 느껴온 사람이 노인을 위한 봉사활동을 하는 경우를 생각해보자. 자신이 받지 못한 돌봄과 보살핌을 애착 대상과 비슷한 대상에게 주는 것으로 결핍을 채운다. 이 경우는 자기가 하는 행동을 어느 정도 혹은 완전히 의식하고 있을 수 있다. 이 사례는 주는 쪽이나 받는 쪽에 부담과 위험이 없기에 건전한 보상이라 할 수 있다.

왜곡된 보상

보상이 항상 건전하게 작동하는 것은 아니다. 자신의 결핍을 의식하지 못한 채, 억눌러둔 욕망을 타인에게 투사하는 방식으로 보상이 일어날 수 있다. 예를 들어, 피아니스트의 꿈을 이루지 못한 어머니가 딸에게 그 꿈을 떠맡기고, 지극정성으로 뒷바라지하면서 아이를 몰아붙이는 경우가 그렇다. 이 경우 엄마는 스스로 헌신하고 있다고 믿지만 실제로는 자신의 불안과 욕망을 딸에게 전가하고 있는 셈이다. 그로 인해 아이는 엄마의 기대에 부응해야 한다는 부담, 실망 끼치는 것에 대한 두려움과 죄책감, 그리고 자율성이 침해당하는 데서 오는 분노를 동시에 경험한다.

이런 감정들 중 일부는 자각되지만 대부분 억압된다. 이 경우는 왜곡된 보상 작용이 일어난 엄마 쪽도 그 대상인 아이도 자신의 인생을 살기가 어렵다.

과잉보상

과잉보상은 억압이 극심할 때 나타나는 극단적 심리 전략이다. 결핍의 흔적을 감추기 위해 정반대의 모습으로 자신을 꾸미고 포장하게 된다. 예를 들어, 수치심이 내면화되어 있는데, 이를 들키지 않기 위해 '나는 아무렇지 않아', '난 그런 거 필요 없어' 같은 태도로 방어하는 경우다. 이처럼 과장된 자신감과 독립성은 실제 자신의 욕구와 취약함을 인정하지 않기 때문에 관계는 피상적인 형태가 되기 쉽고, 공동체 의식이나 연대감을 갖기도 어렵다.

성격은 타고난 기질과, 살면서 만들어진 자기보호 전략이 결합된 결과다. 따라서 성격은 '참나', '참자기'와 다르다. 결핍을 제대로 직면하지 못하면 보상이라는 방어기제가 삶을 지배할 위험이 있다. 융은 "억압된 감정을 직면하고 통합하지 않으면, 그것이 우리의 행동을 지배할 수 있다"[16]라고 경고했다. 진정한 자기이해와 자기수용은 그 억눌린 부분을 마주하고 나의 일부로 받아들이는 것이다. 결핍은 누구에게나 있지만, 그 결핍을 어떻게 다루는지가 나란 사람의 성격이 된다.

한쪽 에너지만 쓰고 살면
생기는 일

과잉보상이란 내 안의 어떤 부분이 억압된 채, 반대쪽으로 뒤집혀 나타나는 상태다. 심리적 에너지가 한쪽으로 치우치면 균형이 깨지고 온전한 나로 살기가 어렵다. 이런 마음의 작용은 나를 이해하고 통합하기 위해 반드시 마주해야 한다. 다시 한번 정리하면, 성격은 내가 생각하고 느끼고 행동하는 방식이 특정한 방식으로 고정된 것이다.

성격을 만드는 데 핵심적인 요소인 내향과 외향의 경우로 이야기해보자. 자신이 알고 있는 내향적 혹은 외향적 성격이 정말 그런 것인지, 아니면 억압과 보상의 결과로 만들어진 것인지 살펴볼 필요가 있다. 한쪽 성향만을 고수하며 산다면 반대 성향이 억압될 가능성이 높다. 이 억압은 결국 과잉보상이라는 형태로 나타날 수 있다.

외향적인 사람은 보통 관심이 외부 세계로 향해 있다. 그러나 지나치게 외향적인 경우, 내향성은 억압되고, 억압된 내향성은 미성숙하게 표출된다. 예를 들어, 평소 타인을 배려하고 공정하게 대하던 외향적인 사람이 어느 순간 자기중심적인 태도를 보이거나 유치한 행동을 한다면, 그건 억압된 내향성이 뒤틀려 드러난 모습일 수 있다. 이 과정에서 원래 내향성의 바람직한 특성인 자기성찰 능력은 제대로 기능하지 못하고, 성숙하지 못한 자기중심적인 방식으로 나타나게 되는 것이다.

반대로, 내향형은 바깥에서 일어나는 일보다 '나'라는 주체[17]가 중요하다. 하지만 지나치게 내향적인 에너지만 쓸 경우, 외향성이 억압되었다가 불건전한 방식으로 드러난다. 내향적인 사람이 갑자기 혼자 있는 시간을 견디지 못하거나, 자극적인 활동만을 쫓는다면 이는 억압된 외향적 에너지가 드러난 것이다. 이런 상태에서는 자신조차 스스로 내향형이 아닌 외향형으로 착각할 수 있고, 남들 눈에도 그렇게 보인다.

나를 아는 것은 쉽지 않다. 내가 알고 있는 '나'는 사실은 과잉보상의 결과로 뒤집힌 모습일 수도 있다. 그렇다면 과잉보상이 일어나고 있는지 어떻게 알 수 있을까? 만약 자신도 모르게 무언가를 증명하려 애쓰고 있다면 한번 멈춰볼 필요가 있다. 그 행동이 자연스럽고 편하기보다 왠지 모르게 긴장되거나 힘겹게 느껴진다면, 보상의 기능이 건강하게 작동하지 않고 있다는 신호일 수 있다. 이럴 땐, 지금 이 행동이 정말 나의 내면 욕구에서 비롯된 건지, 아니면 결핍을 덮기 위한 습관적인 방식인지 살펴보자. 이 과정은 나의 무의식을 알아가고 수용하는 길이며, 심리학에서는 이를 의식화 또는 정신화라고 한다. 과잉보상의 패턴을 인식하고, 억압된 부분을 수용할 때 우리는 조금씩 통합된 존재가 되어간다.

(((**13**)))

균형 되찾기

경계선을 설정한다

무엇을 잡거나 놓을 것인가는 내 안에 타인을 어디까지 허용하는지의 문제이기도 하다. 그 '어디까지'를 경계선이라고 한다. 경계선은 나를 보호하는 보이지 않는 울타리다. 이 울타리가 허술하거나 아예 없다면 타인이 내 영역에 무단으로 들어와 주인 행세를 하게 된다. 내 몸과 마음, 그리고 내 삶에 타인이 함부로 들어오게 두어선 안 된다. 어디까지 허용할지를 결정하는 건 나의 몫이다. 반대로, 나 역시 타인의 울타리를 존중할 책임이 있다.

브래드 쇼는 《상처받은 내면아이 치유》에서 경계선을 성적, 정서적, 영적 경계선으로 나눠 설명한다. 각각 몸, 마음, 영혼을 지키는 방식이다.

성적 경계선

성적 경계선은 내 몸을 지켜주는 울타리다. 이 경계가 약한 사람은 타인이 자신의 몸을 만질 때 원치 않아도 싫다는 소리를 잘하지 못한다. 반대로 경계가 너무 강하면 몸의 경계를 잘 지킬 수는 있겠지만, 경계가 심하다 보니 몸으로 나누는 친밀감을 잘 받아들이기 어려울 수 있다.

성적 경계선을 침범당하면 몸뿐 아니라 마음과 존재 전체가 다친다. 특히 성폭력은 육체적 피해뿐 아니라 심리적, 영적 고통까지 초래한다. 최근에는 언어적 성희롱 등 비신체적 침범도 폭력으로 명확히 인식되고 있다. 성적 경계를 잘 지키지 못하는 사람은 (경계를 요구해도 된다는 것을 잘 모르거나, 그럴 만한 힘이 없을 때) 성에 대해 지나치게 무감각하거나 과도하게 집착할 수 있다.

일상에서 부모가 자녀의 성적(몸) 경계를 무심코 넘는 일이 많다. 화장실 문을 벌컥 열거나, 자녀가 씻는 중에 들어가는 걸 허물없는 친밀함으로 오해한다. 가족이니까 괜찮다는 생각에서 비롯되지만 엄연한 경계 침범이다. 몸은 가장 사적인 영역이다. 가장 가까운 사람으로부터 존중받는 경험이 쌓여야 건강한 성적 경계가 형성된다.

성적 경계선을 잘 지기키 위해선 내 몸에 대한 '자기결정권'이 있음을 자각해야 한다. 불쾌했다면 표현해야 하고, 반복되지 않도록 요구할 수 있어야 한다. 혼자 힘으로 어렵다면 신뢰할 수 있는 사람이나 기관에 도움을 청해야 한다.

정서적 경계선

정서적 경계선은 마음을 보호하는 울타리다. 내 감정과 타인의 감정을 구별할 수 있어야 타인의 감정에 휘둘리지 않는다. 하지만 우리는 특히 가까운 사람일수록 그의 감정을 마치 내 감정처럼 느끼곤 한다.

가령, 엄마가 딸에게 자신의 고통을 끊임없이 하소연한다면, 딸은 함께 슬퍼하고 죄책감을 느낄 수 있다. 하지만 분명히 그 딸은 언젠가 자신이 엄마의 '감정받이' 같다고 느끼며 분노하게 될 것이다. 엄마가 의도하진 않았을지 몰라도 자신의 감정적 버거움을 딸과 함께 지려 한 것이기에 딸의 정서적 경계를 침범한 것이기 때문이다.

어릴 적부터 이런 경험을 반복한 사람은 자신의 감정뿐 아니라 욕구도 잘 구별하지 못하게 된다. 어떤 게 내 욕구인지, 타인의 기대인지 모른 채 살아가게 된다. 이런 분별이 없다면 정신을 잃어버린 것과 같다. 내 정신을 잃어버린다는 것은 의식적인 삶을 살지 못한다는 뜻이다. 내가 무엇을 원하는지 모르는 삶은 자기 삶을 스스로 다루지 못하게 만든다.

영적 경계선

영적 경계선은 내가 '나답게' 존재할 수 있도록 지켜주는 울타리다. 나답게 살려면 먼저 자신이 누구인지, 무엇을 좋아하고 싫어하는지, 어떻게 살고자 하는지 등을 알아야 한다. 이를 위해선 나에 대한 앎과 그 앎에 따라 행동할 자유가 필요하다. 이 자율성을 방해하는 모든 것을 영적 침범이라고 볼 수 있다. 폭력, 무시, 조롱, 강요, 혐오의 말들은 존재의 고유함을 해친다. 몸과 마음의 침범이 계속될수록 영적인 상처도 깊어진다.

브래드 쇼는 이를 '나됨(I aMness)[18]'의 손상이라 말했다. 나의 고유함을 잃는 고통을 말한다. 영적 경계선을 침범당했다는 것은 자기애와 자존감에 상처가 생겼다는 뜻이다.

이는 수치심을 일으키게 되어 있다. 수치심은 자신의 존재를 부끄럽게 여기는 마음이다. 그래서 수치심을 '영혼의 상처'라 한다. 존재를 있는 그대로 받아들이고 사랑하는 것, 그것이 영혼을 지키는 방법이다.

경계선이 침범됐을 때

경계선이 침범당했을 때 느끼는 상처는 침범한 이가 잘못한 것이지, 나의 잘못이 아니다. '왜 그때 말하지 못했을까?'라는 자책이 들더라도, 그때는 나를 지킬 힘이 없었던 것이라고 이해해야 한다.

경계가 무너졌다면 다시 세우면 된다. 나를 존중하지 않는 사람들로부터 물러날 권리도 있다. 나의 몸과 마음, 삶은 타인의 승인을 필요로 하지 않는다. 결국 경계선은 나와 너를 분리하면서도 연결할 수 있는 가장 깊은 배려다. 내가 '나'를 지킬 수 있어야, '너'를 온전히 사랑할 수 있다. 서로의 경계선이 분명할 때 자유롭고 따뜻하게 함께할 수 있다. 지금 이 순간, 내 삶에 어떤 울타리가 필요한지 생각해보자.

강한 자아로
현실에 머무르기

몸과 마음, 영혼의 경계선을 지키려면 내면의 힘이 필요하다. 이런 힘을 자아강도라 한다. 자아라는 말은 '나'를 뜻하는 라틴어 '에고ego'에서 왔다. 따라서 자아강도는 내가 현실을 감당하고 나를 유지하는 심리적 에너지를 뜻한다. 현실에 발붙이며 나답게 살아가기 위해선 이 힘이 반드시 필요하다.

융은 자아를 의식의 중심이라고 했다. 의식이란 자신이 느끼고 생각하고 있다는 사실을 인식하고 있는 상태다. 우리는 매일같이 숨을 쉬고, 하루에도 수만 가지 생각을 하며, 복잡한 감정들을 만난다. 그러나 이 모든 과정을 하나하나 인식하지는 못한다. 그래서 융은 "우리가 의식적으로 사는 것 같지만, 실제로는 거의 무의식적으로 살아간다"라고 했다. 이때 "모르는 마음"인 무의식을 "아는 마음"인 의식으로 확장시키는 주체가 바로 자아이다. 의식이 확장될수록 자아도 함께 성장한다.

자아가 강한 사람은 현실을 기준으로 판단하고 행동한다. 과거에 얽매이지 않으며, 상처나 영광에 머무르지 않는다. 과거 경험에서 배운 교훈을 현재에 적용한다. 또한 불확실한 미래에 집착하지 않는다. 미래를 준비하는 것은 필요하지만 두려움에 사로잡혀 점치듯 살아가면 현실을 놓치기 쉽다. 따라서 강한 자아는 지금 할 수 있는 일과 할 수 없는 일을 구분하며, 자신의 능력과 한계를 파악해 현실적인 선택을 한다.

반면, 자아가 약하면 감정과 욕구를 제대로 인식하거나 해석하기 어렵다. 불안과 상처에 끌려다니는 일이 잦아진다. 이때 필요한 것이 훈련이다. 예를 들어, 내면과의 대화는 자아강도를 키우는 데 효과적인 방법이다. 그 실천 방식 중 하나가 글쓰기다. 스스로에게 말을 걸듯 자신의 감정과 생각을 글로 풀어보면 흐릿했던 내면이 조금씩 선명해지고 자아도 점점 단단해진다.

강한 자아는 깊고 유연한 사고를 가능하게 한다. 단순히 현실을 정확히 인식하는 데 그치지 않고, 나와 타인, 더 나아가 자연과 만물을 이해할 수 있는 인식의 폭을 제공한다. 자신의 무의식적 욕구나 감정도 더 깊이 이해할 수 있으며, 이를 통해 타인과의 관계도 더욱 조화롭게 만들어간다. 이것이 바로 자아가 강할수록 삶이 더 현실적이고도 성숙하게 펼쳐지는 이유다.

마음먹을 수 있는 힘이
생명력이다

자아를 단단하게 하려면 긍정적인 자아상이 필요하다. 하지만 어릴 적부터 자주 경계선을 침범당했다면 긍정적인 자아상을 갖기 어렵다. 이런 경험은 어른이 된 후에도 경계선을 지키지 못하는 악순환으로 이어지기도 하기 때문이다. 그렇다고 이미 지나간 어린 시절을 바꿀 수도 없고, 양육자나 환경을 고칠 수도 없다. 건강한 자기애가 생기기 어려웠던 환경에서 자랐다고 해서 평생 부정적인 자아상을 지니고 살아야 하는 것은 아니다. 책임 있는 어른으로 살기를 '선택'할 수 있다. 이 또한 자아의 힘이다.

    어린 시절에는 양육자가 세상의 전부일 수밖에 없다. 하지만 어른이 된 지금도 부모가 내 세상에 너무 큰 자리를 차지하고 있다면, 이건 돌아볼 문제다. 내가 부모와 얼마나 분리되어 있는지 알 수 있는 간단한 방법이 있다. 부모의 기대나 잔소리에 내가 얼마나 강하게 반응하는지를 살펴보는 것이다. 부모의 한마디에 너무 예민하게 반응하거나 죄책감에 사로잡힌다면, 그 영향력이 여전히 내 안에서 강하게 작용하고 있다는 뜻이다. 그런데 영향력이라는 것은 사실 내가 부모에게 부여한 것이다. 그러니 내가 거둘 수 있다. 외부의 어떤 말이나 태도에 과도하게 스트레스를 받는다면, 지금 나를 힘들게 하는 것이 외부가 아니라 내면의 해석일 수 있음을 살펴봐야 한다.

이제는 내가 어른이 되었다는 사실과, 세상에는 따뜻하고 좋은 사람들이 많다는 사실에도 눈을 돌려보자. 어린 시절을 떠올려 보면, 몇 번의 부정적인 경험 속에서도 나를 아껴준 친구나 선생님, 이웃이 있었을 것이다. 지금 내가 이 세상에 살아 있다는 것 자체가 누군가에게 존중받고 사랑받았던 순간들이 있었다는 증거다.

무엇보다 중요한 건 내가 나를 존중하고 사랑하는 일이다. 그래야 비로소 마음에 힘이 생기고 자아도 단단해진다. 어릴 적에는 나를 지키기 어려웠을지 몰라도, 이제 어른이 된 우리는 스스로를 잘 돌보고 보호할 수 있다. '나는 나를 사랑할 수 있고, 스스로를 지킬 수 있다'는 마음을 먹는 것, 그 자체가 자아의 힘이며 생명력이다. 만약 이러한 마음조차도 들기 어렵다면, 먼저 상처받은 마음을 치유하는 데 조금 더 정성을 들일 필요가 있다.

때로는 무언가 마음먹는 일조차 버겁게 느껴진다. 그럴 땐 애써 마음먹으려 하지 않아도 된다. 억지로 움직이기보다 잠시 쉬어갈 수 있다. 쉬기로 선택하는 그 행위조차 자아의 힘이니까. 오늘은 아무것도 마음먹고 싶지 않았어도 내일은 다를 수 있다. 우리는 언제든 다시 시작할 수 있는 존재임을 기억하면 된다.

현주 씨는 백일 사진과 돌 사진이 없는 것이 평생 설움이었다. 사진이 없어 서럽다는 것은 단순한 불만이 아니라, 그녀 내면의 결핍을 상징적으로 표현한 것이다. 언니는 부모의 관심을 독차지했고, 동생은 아들이라 귀하게 대접받았다. 그 속에서 현주 씨는 '내가 알아서 잘하면 알아주겠지' 하며 요구하지 않는 아이로 자랐다.

마음공부를 시작한 뒤, 그녀는 억눌러왔던 분노와 상처를 마주했다. 부모에게 솔직하게 원망을 표현해봤지만 돌아오는 반응은 차가웠다. "예민하다"라거나 "별걸 다 갖고 그런다"라는 말은 그녀를 더욱 외롭게 만들었다.

그럼에도 현주 씨는 마음공부를 꾸준히 이어갔고, '내가 바꿀 수 없는 것과 돌이킬 수 없는 것을 받아들인다'는 자세를 배웠다. 최근 그녀는 친구들을 초대해 자신만의 돌잔치를 열었다. 돌잡이로 골프공을 잡고, 친구들의 덕담 속에서 웃음과 눈물을 나누었다. 그날은 과거를 다시 쓰고, 자신을 위한 삶을 새롭게 선택한 창조적인 순간이었다.

새로운 삶을 선택하는 용기는 창조의 시작이다. 그동안 미뤘던 일이 있었다면, 한번 해보기로 마음먹어보자. 나에 대한 믿음을 회복해가며, 자아의 생명력을 한껏 누리는 일이 될 것이다.

자아를 알아차리는 것과
그렇지 못한 것의 차이

"우리는 무의식에 이끌려 살면서 그것을 운명이라 부른다."

―칼 융

자아는 의식의 중심이자 삶을 이끌어가는 엔진이다. 자아가 어떻게 작동하는지를 이해하면 우리는 자신을 더 명확히 알고, 삶의 방향을 보다 안정적으로 잡을 수 있다.

자아의 기능은 크게 의식적 기능과 무의식적 기능으로 나눌 수 있다.

자아의 의식적 기능

자아의 의식적 기능은 합리적인 사고와 목적 지향적 행동을 이끌어내는 것이다. 현실을 자율적으로 통제하고 문제 상황에서 적절히 대처할 수 있도록 하는 것이 자아의 핵심 역할이다. 반대로, 자아가 의식적 기능을 제대로 수행하지 못하면 현실을 왜곡되게 해석하거나 감정적으로 과잉 반응하게 된다.

예를 들어보자. A는 친구 B가 자신을 무시했다고 느끼고, 감정이 상한 채 연락을 끊었다. 시간이 지나면서 A는 이런 일이 반복된다는 걸 깨닫고, '혹시 내 성격에 문제가 있는 걸까?'라는 생각을 하게 되었다. A는 타인이 친절하지 않거나 기대만큼 반응하지 않을 때, 곧바로 '무시당했다'고 해석하는 경향이 있다는 걸 알게 되었다. 여기에는 '사람들은 나에게 친절해야 한다'는 당위적 기대, 그리고 '친절하지 않으면 날 무시하는 거야'라는 이분법적 해석이 뒤엉켜 있었다.

이처럼 자극에 대한 즉각적이고 무의식적인 반응인 '자동적 사고'는 과거의 경험이나 왜곡된 신념에서 비롯된 경우가 많다. 자아의 의식적 기능이란, 바로 이런 해석을 의심하고 다시 점검하는 능력이다. 자동 반응에서 벗어나 보다 자유롭고 유연한 선택이 가능해진다.

자아의 의식적 기능을 키우는 네 가지 방법이 있다.

하나, 자동적 사고를 자각한다. 언제나 알아차림이 제일 먼저다. 둘, 생각의 객관적 근거를 확인한다. 내가 느낀 것이 사실인지 점검해본다. 셋, 그 생각이 나에게 미치는 영향을 살펴본다. 이 생각을 계속할 때 어떤 결과를 불러올지 곰곰이 생각해본다. 넷, 같은 상황을 남에게 벌어진 일이라고 상상하며 적용해보는 것이다. 남의 일로 생각하면 더 객관적이고 합리적으로 해석할 수 있다.

자아의 무의식적 기능

자아의 무의식적 기능은 주로 방어기제를 통해 작동한다. 방어기제란 자아가 상처받지 않기 위해 선택하는 무의식적 전략이다. 투사, 동일시, 부인, 억압, 합리화 등 다양한 방식으로 나타난다. 방어기제가 없는 사람은 없으며, 안 쓰고 살 수도 없다. 방어기제라는 것 자체가 무의식적이기 때문에 우리도 모르는 사이에 발동이 된다.

예를 들어, 우리는 누군가에게 화가 나도 '나는 괜찮아'라며 감정을 억누르는 경우가 많다. 그러나 억압된 감정은 무의식에 쌓였다가 다른 방식으로 튀어나올 수 있다. 그러니 자아의 의식적 기능을 활용해 내가 왜 이렇게 반응하는지 알아차리고, 나를 정직하게 바라보는 것이 중요하다.

자기방어가 지나치게 강한 사람들은 표현을 제대로 하지 못하거나 불필요하게 공격적인 경우가 많다. 물론 본인은 잘 모르거나 그렇지 않다고 부인할 가능성이 높다. 물론 이 또한 방어다. 하지만 이런 방식이 나를 약한 존재로 만들지 않으려는 무의식적인 시도라는 걸 이해해야 한다.

이러한 사람들은 자기표현을 억압하면서 자신을 예측할 수 없는 위험으로부터 보호한다고 믿는다. 나도 모르게 큰 소리나 격양된 어조 같은 공격적인 태도가 튀어나올 가능성을 차단하는 것이다. 자신을 드러내지 않으면 상대에게 약점을 잡히지 않을 것이라는 무의식적인 신념이 자리 잡고 있기 때문이다. 사실 그들이 생각하는 약점이라는 것조차 두려움이 만들어낸 허상임을 깨닫는 것이 필요하다. 내면의 두려움은 방어기제를 통해 일시적으로 감출 순 있지만, 그것이 내 '마음의 현실'과는 동떨어진 것임을 이해해야 한다.

자아의 의식적 기능은 우리가 현실을 정확히 보고 그에 맞게 반응할 수 있도록 돕는다. 반면, 무의식적 기능은 상처로부터 나를 보호해준다. 따라서 두 기능 모두 우리 삶에 필수적이다. 중요한 것은 내가 언제 어떤 방어를 쓰는지 자각하면서 동시에 나를 믿으며 솔직하게 표현해보는 것이다.

페르소나도 나의 일부다

"페르소나는 없애는 게 아니라 구분하는 것이다."

―이부영

융은 인간이 무의식과의 끊임없는 상호작용을 통해 온전한 자기 자신을 실현해간다고 보았고, 이를 '자기실현'이라 했다. 그는 이 과정에서 두 가지 해방을 강조했다. 하나는 페르소나와의 동일시에서 벗어나는 것, 또 하나는 무의식적 이미지의 영향에서 벗어나는 것이다. 이 두 가지 해방은 나 자신을 더 깊이 이해하고, 온전한 나로 살아가기 위해 반드시 거쳐야 할 관문들이다. 먼저 페르소나로부터의 탈동일시에 대해 살펴보자.

페르소나에서 한 걸음 떨어지기

많은 사람들이 페르소나를 '가짜 나'라고 생각한다. 이런 오해는 페르소나를 없애야 하는 것으로 여기게 만들며, 마치 '파랑새'를 찾듯 '진짜 나'를 찾아야 한다는 착각을 일으킨다.

직장에서, 가정에서, 친구와 어울릴 때, 우리는 그때그때 역할에 맞춰 특정한 모습을 보여준다. 헌신적인 부모, 능력 있는 리더, 따뜻한 선배, 모두 페르소나다. 타인과 잘 지내기 위해, 사회적 기능을 수행하기 위해 페르소나는 반드시 필요하다.

하지만 역할이 곧 '나'라고 믿게 되면 문제가 발생한다. 직장에서 평가가 좋지 않으면 '나는 무능한 사람'이라고 느끼거나, 가정에서 양육자의 역할이 힘들면 '나는 나쁜 부모'라고 자책한다. 역할에 몰두할수록 나의 진짜 감정이나 욕구는 무시되고, 결국 '나'는 보이지 않게 된다. 이런 상태가 지속되면 역할에만 의존하게 되면서 진정한 자기와 멀어지게 된다.

중년 이후 흔히 나타나는 무기력과 공허함은 역할과 그 기능으로만 살고, 역할을 벗은 상태로 살아본 적이 없기에 나타나는 증상일 수 있다. 이를 두고 융은 '온전한 나'로 살라는 무의식의 신호라 하였다.

냉정하고 침착한 모습을 유지하려는 직장인을 예로 들어보자. 그는 자신을 감정에 휘둘리지 않고 냉철한 판단을 내리는 사람이라고 믿는다. 하지만 이 페르소나를 계속 유지하다 보면 내적인 갈등이 생기기 시작한다. 화가 날 수 있는 상황에서도 차분해야 한다는 압박에 시달리며 감정을 억누른다. 억눌린 감정은 두통이나 만성 피로, 이유 모를 짜증과 무기력감으로 드러나기도 한다. 또한 페르소나에 의존하다 보면 인간적으로 취약한 면을 드러내는 것을 두려워하게 되고, 이는 완벽주의적 태도와 심리적 소진burnout으로 이어질 가능성이 높다.

페르소나는 외적(사회적) 인격으로, 사회적 가면 같은 것이다. 개인이 사회적 기대와 규범에 따라 자신을 표현하는 방식이자 도구로, 집단의식의 산물이다. 사회적 가면과 나를 동일시하면, 고유한 개체성이 사라지기 쉽고, 내가 누구인지에 대한 감각도 흐려진다.

페르소나는 없애는 것이 아니다

페르소나에 지나치게 의존하면 사회적 기대에 끊임없이 부응해야 한다는 부담감이 커진다. 하지만 페르소나를 전체 자기 중 '역할'로서의 나의 한 측면이다. 따라서 가면을 벗고 쓰는 순간을 내가 선택할 수 있다. '사회적인 나'에 부여한 압도적인 힘을 조금씩 거두고, 순간순간 '지금의 나'로 살아갈 수 있다.

예를 들어, 직장에서 완벽한 모습을 유지해야 한다는 부담에서 벗어나면, 실수할 수 있는 자유를 얻는다. 실수가 재앙이 아니며, 실수할 수도 있다는 걸 받아들이게 된다. 그 결과 오히려 더 유연하고 편안하게 일할 수 있어 스트레스도 줄어들며 더 좋은 성과를 낼 수 있다.

가면에 의존하지 않는 삶은 자기존중감을 높이는 데도 도움이 된다. 페르소나는 본래 남들에게 인정받기 위한 도구이기 때문에, 그 가면이 잘 작동하지 않을 때 우리의 자존감이 쉽게 흔들릴 수 있다. 반면, '전체로서의 나'를 인정하게 되면 외적인 성과나 평가에 크게 휘둘리지 않고 스스로를 존중할 수 있다. 직장에서 기대만큼 칭찬을 받지 못하더라도, '나는 여전히 가치 있는 사람이야'라고 생각하며 더 발전할 수 있도록 노력하게 된다. 이렇게 자기존중감이 높아지면, 타인의 평가에 덜 흔들리고 더 안정된 삶을 살 수 있다.

페르소나는 없애는 게 아니다. 유연하게 쓰고 벗는 것이다. 일터에서는 일꾼의 가면을 쓰고, 집에 가면 가면을 벗고 쉰다. 만나는 대상에 따라 가면도 바꿔 쓰는 게 더 유연한 태도다. 예를 들어, 직업이 선생님이라도 자녀 앞에서는 부모 가면을 써야 하지, 자녀에게도 선생님처럼 굴면 곤란하다. 결국 중요한 것은 페르소나를 상황에 맞게 잘 활용하는 유연성이다. 더불어 가면을 벗고 쉴 수 있는 여유를 스스로 허락하는 순간, 사회적인 역할을 하면서도 내 본질을 잃지 않을 수 있을뿐더러, 사회적 자아와 심리적 자아의 균형을 찾아갈 수 있다.

원형의 이미지에서
자유로워지기

무의식적 이미지란 우리가 의식하지 못하지만, 행동과 사고에 큰 영향을 미치는 심리적 패턴이나 상징을 말한다. 융은 이를 원형archetype이라는 개념으로 설명했다. 원형은 모든 인간이 공유하는 보편적인 심리적 틀로, 특정 상황에서 나의 행동과 판단에 미묘하게 영향을 미친다. 무의식적 이미지는 바로 이런 원형에서 비롯된 패턴들이다.

예를 들어, 흔히 떠올리는 '어머니', '영웅', '선생님'의 이미지에는 일정한 틀이 있다. 어머니는 희생적이고, 영웅은 고귀하며, 선생님은 모범적이라는 고정된 이미지 말이다. 이런 이미지들은 무의식적으로 우리의 사고와 행동을 이끌지만, 영향받고 있다는 사실 자체를 잘 알지 못할 때가 많다.

예컨대 어머니 원형은 타인을 돌보고 헌신하는 사람이라는 이미지로 대표된다. 만약 어떤 사람이 무의식적으로 원형에 사로잡히면, 다양한 관계에서 지나치게 타인을 돌보려는 경향이 생긴다. 직장에서 이 원형이 작동하면 어떻게 될까? 이 사람은 팀원들이 어려움을 겪을 때마다 도와주려 하고, 심지어 자신의 일을 제쳐두고 타인의 문제를 대신 해결해주려 한다. 처음에는 긍정적으로 보일 수도 있다. 하지만 시간이 지날수록 본인이 처리해야 할 일까지 밀리게 되고, 결국 스트레스와 과로로 이어진다.

가족 관계에서도 비슷한 일이 벌어진다. 어머니 원형에 사로잡힌 사람은 남편이나 자녀에게 지나치게 신경 쓰며 통제적이다. 남편의 문제에 과도하게 간섭하거나 잔소리가 심하며, 자녀가 스스로 해내야 할 일조차 먼저 나서서 처리한다. 본인은 관심이나 돌봄이라 하겠지만, 실제로는 상대방의 자율성과 자발성을 훼손하는 결과를 낳는다. 본인에게도 문제가 생긴다. 자신의 감정과 욕구는 지속적으로 밀려났기에, 결국 감정적 불만과 관계 갈등을 경험하게 될 가능성이 크다.

벗어나면 어떤 변화가 생길까?

무의식적 이미지에서 자유로워지면, 삶의 유연성과 균

형감을 되찾을 수 있다. 첫 번째로, 자신의 욕구와 감정을 더 잘 이해하게 된다. 예전에는 무조건 다른 사람을 돕는 것이 당연하다고 생각했다면, 이제는 그 욕구가 어디에서 비롯되었는지 깨닫게 된다. 이를 통해, 꼭 필요한 순간에만 돕거나 나의 필요도 충족하는 방법을 찾을 수 있다.

두 번째로, 자기경계를 세우는 데 도움이 된다. 어머니 원형에 사로잡혀 모든 일을 떠맡던 사람도, 이제는 내가 할 수 있는 일과 할 수 없는 일을 구분하고, 필요한 경우 "아니요"라고 말할 용기를 갖게 된다.

관계의 질도 달라진다. 무의식적으로 헌신만 하던 관계는 상호적이고 균형 잡힌 관계로 변한다. 예를 들어, 누군가 도움을 요청했을 때 바로 해결책을 제시하기보다, 스스로 해낼 수 있도록 믿어주는 태도를 가질 수 있다. 이렇게 변화된 관계는 자신과 상대 모두의 성장과 자립을 돕는 긍정적 결과를 가져온다.

마지막으로, 자유를 경험한다. 누군가의 기대나 고정된 이미지에 얽매였던 마음에서 벗어나, 이제는 내가 할 수 있는 만큼만 하고 진정으로 원하는 것을 선택할 수 있는 해방감을 느끼게 된다. 이렇게 자유로워진 내면으로 창의적인 에너지가 솟고, 자기다운 삶을 살 수 있다.

(((**14**)))

그림자와 안녕하는 사이

어둠 속의 나와

손을 잡자

사람은 누구나 다른 사람에게 보이고 싶은 어떤 모습이 있다. 자신감 있고 친절하며, 강한 모습을 떠올릴지도 모른다. 동시에 마음속 깊은 곳에 숨기고 싶은 면도 있다. 약하거나, 질투하거나, 화를 내는 모습 말이다. 융은 이런 마음속 어두운 측면을 '그림자Shadow'라고 하였다. 그림자는 내가 외면하고 싶은 불편한 감정이나 억눌린 욕망들로, 심리적으로는 내 안에 있지만 낯선 타자처럼 느껴지는 나의 또 다른 인격이다. 중요한 건 그림자가 나의 적이 아니라는 사실이다. 억압한다고 사라지는 것도 아니다. 오히려 무의식 아래 숨어서 나를 더 강하게 휘두를 수 있다. 그림자를 인정하고 손을 맞잡아야, 진정으로 나를 이해할 수 있다.

그림자 마주하기

그림자를 인식하는 건 쉽지 않다. 내 안의 어두운 면을 마주하는 일은 불편하고 때로는 낯뜨겁기까지 하다. 질투심이 강하다는 걸 인정하는 일은 부끄럽고, 이기적인 마음은 들키고 싶지 않다. 그래서 우리는 종종 그림자를 억누르거나 숨기려 한다. 하지만 융은 이렇게 말했다. "그림자를 억압하면, 그것은 삶에 예상치 못한 방식으로 나타난다."

생각해보자. 누군가의 말에 유난히 화가 났던 경험, 반복되는 실수로 답답했던 순간. 이런 감정과 행동 속에 내가 외면했던 그림자가 있다. 의식 차원에서 제대로 다루지 못한 그림자는 예고 없이 삶 속에 등장한다.

그림자를 인식하는 출발점은 '나에게 이런 모습도 있구나' 하고 직면하는 것이다. '난 절대 질투하지 않아', '난 화내는 사람이 아니야' 하는 방어를 내려놓고, 불편하지만 사실인 내 안의 낯선 인격을 인정하는 것, 그 순간부터 더 이상 그림자에 끌려다니지 않고, 삶의 주도권을 되찾을 수 있다.

그림자와 인식의 통합

그림자 통합은 단순히 내 어두운 면을 인정하는 데서 끝나지 않는다. 거기서 한 걸음 더 나아가야 한다. 불편한 감정이 어떤 상황에서 왜 나타나는지를 깊이 이해하고, 그 안에 담긴 욕구나 필요를 찾아 생활에서 표현해야 한다. 이렇게 할 때 비로소, 그림자가 나를 무너뜨리는 힘이 아니라 나를 성장시키는 자원이 될 수 있다.

억눌린 감정은 무의식에서 힘을 키워 나의 삶을 송두리째 흔든다. 하지만 그것을 인정하고 표현하면 그림자는 더 이상 파괴적이지 않다. 나의 일부로서 나를 더 강하게 만든다. 그림자에는 내가 억눌렀던 창의성, 생명력, 욕망, 그리고 자유로움이 숨어 있기 때문이다. 억누르거나 부인한 것들이지만, 사실 그것들조차 모두 나의 일부이기에, 그로 인해 진짜 나의 이야기를 써 내려갈 수 있게 된다.

예를 들어, 분노를 대할 때는 '내가 무엇을 지키고 싶어서 화가 났을까?'라고 묻는 것이다. 그 안에는 내 가치나 경계, 혹은 소중히 여기는 무언가를 지키려는 강한 의지가 숨어 있을 수 있다. 질투도 마찬가지다. 질투는 보통 부끄러운 감정으로 여겨지지만, 그 안에는 내가 간절히 원했던 열정이나 욕망이 들어 있다. '나는 무엇을 그렇게 원했을까?'라는 질문은 나의 욕망이나 꿈을 더 또렷하게 보여줄 수 있다.

그림자를 통합한다는 것은 나의 긍정적인 면과 부정적인 면을 모두 포용한 채 살아가는 일이다. 이럴 때 욕망과 감정은 더 이상 나를 혼란스럽게 하지 않고, 오히려 내 삶을 풍부하게 만드는 힘이 된다.

그림자는 일상에서 어떻게 드러나는가

그림자는 일상에서 자주 만날 수 있다. 때로는 분명하게, 때로는 은밀하게 드러난다. 무의식적으로 작동하기에 그림자인지 잘 모르지만, 조금만 들여다보면 알 수 있다. 몇 가지 사례를 통해 그림자가 어떻게 삶에 영향을 미치는지 보자.

타인의 행동이 유난히 불편하게 느껴질 때

누군가의 행동이나 성격이 이상하게 거슬릴 때가 있다. 직장에서 자기주장이 강한 동료를 보고 '왜 저렇게 자기밖에 모를까?' 하고 화가 난 적이 있는가? 또는 친구가 게으르게 행동할 때 '참 한심하다'는 생각이 들 수도 있다.

이런 불편함이 진짜 상대방의 행동 때문일까? 사실 이런 불편함은 내 안에 억눌린 나의 모습이 타인을 통해 드러나고 있기 때문이다. 나는 자기주장이 강한 나, 게으른 나를 받아들이지 못했을 거다. 그래서 타인의 모습이 거울처럼 내 그림자를 비추고, 그 결과 불쾌감을 느끼게 되는 것이다. 또 한 가지, 타인의 불편한 점을 통해 '나는 그렇게 살지 않으려고', '그렇게 보이지 않으려고' 애써왔다는 것을 알아차릴 수도 있다. 이 점에 대해 자신을 인정하고 위로해주면, 이전처럼 상대가 그렇게 불편하게 느껴지지 않을 것이다.

칭찬을 받아들이기 어려울 때

"정말 잘했어!"라는 칭찬에 "아니야, 별거 아니야"라고 무심코 반응한 적은 없는가? 칭찬이 불편하게 느껴진다면, 나를 있는 그대로 받아들이지 못하고 있는지도 모른다. 이때의 그림자는 자신을 낮게 평가하고, 가치를 부정하는 모습을 가리킨다.

실패를 두려워하고 도전을 피할 때

새로운 일을 시도해야 하는데 겁이 나거나, 실패할까 봐 망설인 적이 있을 것이다. 이런 두려움에도 그림자가 숨어 있다. 실패에 대한 공포는 무능하거나 실수하는 자신을 수치스럽게 여기기 때문이다. 하지만 실패를 피하려고 할수록, 가능성과 능력까지도 억눌린다. 결국 도전할 기회를 놓치며, 내 안의 그림자는 점점 더 커진다.

타인의 고통을 과도하게 동정할 때

누군가의 고통에 너무 깊이 빠져들고, 마치 나의 일처럼 느낀 적이 있는가? 물론 공감은 소중한 덕목이다. 그러나 지나치게 감정이입을 한다면, 그것은 타인의 고통을 통해 해결되지 않은 내 안의 상처가 투영되고 있기 때문일 수 있다. 이때 겉으로는 타인을 돕는 것처럼 보이지만, 실제로는 강렬한 내 감정을 되새기고, 미처 마주하지 못한 상처를 다시 경험하고 있는지도 모른다.

그림자는 종종 약점이나 두려움처럼 느껴진다. 하지만 그림자는 외면해온 진실과 숨겨진 가능성을 품고 있다. 그림자를 인정하고 이해할 때, 그림자에 동일시되지 않고 거리를 둘 수 있다. 그만큼 부정적인 영향력도 줄어들고, 나 자신이나 타인을 향한 미움도 옅어진다. 결국, 그림자는 많이 발견할수록 좋은 일이다. 나와 타인 모두를 있는 그대로 마주하고 받아들이는 힘이 생기니 말이다.

그림자 끌어안기

그림자를 통합하는 과정은 시간이 걸린다. 때로는 마음이 불편하고 감정이 요동치기도 한다. 그러나 이 과정을 거치면 나를 지배하던 무의식적 반응에서 점차 벗어나고, 더 자유롭고 의식적인 삶을 선택할 수 있다. 다음은 그림자를 알아차리고 통합해가는 데 도움이 되는 구체적인 방법들이다.

자기관찰과 정직한 인정

그림자를 통합하는 첫 단계는 일상 속에서 나를 관찰하는 일이다. 반복되는 감정 반응, 유난히 불편하게 느껴지는 상황들을 주의 깊게 살펴보자. 그리고 그것을 부정하거나 정당화하지 말고, 있는 그대로 솔직하게 인정하는 태도가 필요하다. 예를 들어, 누군가의 행동이 유독 거슬린다면 질문해보자. '나는 왜 이 사람에게 이렇게 예민하게 반응할까?' 이런 물음을 통해 나도 모르게 억눌러왔던 감정과 욕구를 발견할 수 있다. 솔직한 것이 가장 중요하다. 그림자는 숨겨진 나의 일부이기 때문에 그것을 인정하고 마주하는 순간, 이미 통합의 첫발을 내디딘 것이다.

꿈을 통해 그림자를 느껴보기

꿈은 무의식이 보내는 메시지다. 융은 꿈을 무의식과의 대화라고 보았고, 꿈속 인물이나 상황은 억압된 감정이나 욕망을 상징적으로 드러낸다고 했다. 하지만 솔직히 말해, 꿈을 해석한다는 건 전문적인 훈련과 깊은 자기탐색을 필요로 한다. 우리가 할 수 있는 건, 꿈을 분석하려 애쓰기보다는 '아, 내 안에 뭔가 말하려는 게 있구나' 하고 한 번쯤 생각해 보는 것만으로도 충분하다. 그 순간 무의식은 더 이상 나를 휘두르는 낯선 존재가 아니라, 조금씩 이해할 수 있는 '내 안의 또 다른 나'가 된다.

타인과의 관계에서 배우기

인간관계는 내 그림자가 가장 뚜렷하게 드러나는 현실

적인 장이다. 특히 나를 불편하게 하는 사람과의 관계는 내가 받아들이지 못한 내 모습이 투사되고 있는 현장이다. 예를 들어, 자기욕망에 충실한 사람이 유난히 불편하다면, 그 마음에는 '그렇게 행동하면 나는 이기적으로 보일 거야'라는 내면의 금기가 숨어 있을 수 있다.

이럴 때 중요한 건, 타인을 있는 그대로 보려는 태도다. 타인을 통해 느끼는 감정이 단지 그 사람에 대한 것이 아니라, 내 안에서 일어나는 반응임을 깨닫는 순간, 우리는 그 불편한 감정이 나의 그림자에서 비롯된 것임을 알 수 있다. 그때부터 인간관계는 더 이상 갈등의 장이 아닌, 나에 대해 배워가는 하나의 학습터가 된다.

한계를 수용하기

그림자를 통합하는 데 가장 근본적인 과제는 '나는 불완전하다'는 사실을 받아들이는 것이다. 실수하는 나, 무능한 나, 우유부단한 나도 전부 나다. 내가 나에게 비난받을 이유가 하등 없다. '나는 이럴 때 무능함을 느낀다'라고 스스로에게 담담하게 말해보라. 내가 부족한 것을 인정하는 순간, 그림자는 더 이상 나를 위협하지도, 지배하지도 못한다. 오히려 나를 더 자유롭고 온전하게 만드는 요소로 변신한다.

통합의 길 위에 서서

그림자를 통합한다는 것은 더 이상 나를 둘로 나누지 않는 일이다. 나의 어두운 면과 밝은 면을 모두 인정하면서 하나의 나로 살아가는 과정이다.

그림자의 통합은 단순한 '극복'이나 '해결'이 아니다. 그저 보는 것이고, 인정하는 것이며, 위험하지 않은 방식으로 삶에서 표현하는 것이다. 그래서 그림자 통합에 완성이란 것도 없다. 나를 불편하게 하는 감정과 상황은 그림자가 말을 걸고 있는 순간이다. 그 목소리를 무시하지 말고, 매 순간 깨어서 그림자와 함께해보자. 나의 어둠과 빛을 함께 끌어안는 것, 그것이야말로 가장 인간다운 삶의 방식이 아닐까.

내 안의 목소리와
주고받는 이야기

자아는 스스로를 보호하기 위해 무의식적으로 다양한 방어기제를 사용한다. 하지만 무의식적인 방어로는 삶을 주체적으로 살아가기에 충분하지 않다. 생각과 감정을 순간순간 알아차리고, 그것을 깊이 이해하는 능력이 필요하다. 그중에서도 효과적인 방법이 바로 내면과의 대화다.

내면과의 대화가 다소 낯설고 추상적으로 느껴질 수 있지만, 심리치료에서는 중요한 치유 기법으로 활용된다. 예를 들어, 내면아이에게 편지를 쓰기, 빈 의자에 마음을 투사해 대화하는 방식, 무의식의 이미지를 따라가 보는 '적극적 상상', 다양한 경험을 글로 탐색하는 글쓰기 치료가 있다. 모두 자기이해와 정서 표현을 돕는 내면작업의 방편들이다.

내면의 대화를 방해하는 것들

내면과 대화하는 과정이 항상 순조롭지만은 않다. 다음과 같은 요인들이 대화를 방해할 수 있다. 첫째, 마음의 분주함. 해야 할 일이 너무 많고, 늘 무언가에 쫓기다 보면 감정과 생각을 들여다볼 틈이 없다. 그러다 보면 어느 순간, 자신과의 연결이 끊어져 있다는 사실조차 모르게 된다.

둘째, 감정 회피. 내면의 목소리를 듣는 것이 불편하거나 고통스러울 때, 우리는 무의식적으로 그것을 피한다. 불편한 감정을 외면한 채 외부 자극에 몰두하거나, 회피 기제를 통해 감정을 덮어버린다.

셋째. 외부의 소음. 소셜미디어, 뉴스, 주변의 기대와 평가가 끊임없이 들려오는 세상에서 우리는 나의 목소리를 점점 잃어간다. 남과 비교하고 따라가려는 마음은 나의 진짜 욕구와 감정을 인식하지 못하게 한다.

내면과의 대화 예시: 무시받은 감정을 다루는 방법

내면과의 대화는 억눌린 감정을 인식하고, 그 감정을 다루는 데 효과적이다. 특히 '대화 글쓰기'에서는 감정, 생각, 행동 등 어떤 것이든 대화의 상대가 될 수 있다. 대화 상대에게 이름을 붙이고, 그가 솔직하게 말할 수 있도록 공감적이고 수용적인 태도로 이야기를 나누는 것이 핵심이다. 아래는 무시받았다고 느끼는 자아에게 '무무'라는 이름을 붙이고, '나'와 '무무'가 나누는 대화이다.

나   오늘 회사에서 스트레스 받았지? 네 표정이 많이 어두워 보여. 무슨 일이 있었는지 말해줄래?

무무   맞아, 선배가 나를 무시한 것 같아서 너무 화가 나. 그런데 그 자리에서 아무 말도 못하고 바보처럼 있었던 게 더 짜증나.

나   선배가 너를 무시한 것 같았구나. 어떤 느낌이었어?

무무   힘들게 준비한 건데, 전혀 신경 쓰지 않는 것 같았어.

나   많이 속상했겠네…. 혹시 그 순간에 떠오른 다른 기억이 있었어?

무무 음…. 그땐 잘 몰랐는데, 지금 생각해보니 어릴 때 엄마가 나한테 화내던 모습이 떠올라. 엄마는 내 말을 잘 들어주지 않았거든.

나 그때 엄마에게서 듣고 싶었던 말이 있었을까?

무무 "네 말도 중요해." 그 말이 듣고 싶었던 것 같아.

나 지금, 그 말을 너한테 직접 해보는 건 어때?

무무 글쎄, 말이 잘 안 나오네…. 좀 어려워.

이런 대화는 단번에 해결책을 주기보다는 감정의 뿌리를 탐색하고 다정하게 받아들이는 과정이다. 때로는 말이 막히기도 하고, 위로가 와 닿지 않을 수도 있다. 괜찮다. 중요한 건 내면의 목소리에 귀 기울이려는 시도 그 자체다.

굶주림의 충동에서
벗어나기

'굶주림의 충동'은 심리적·정서적 결핍 상태를 무의식적으로 반복하려는 내면의 습관을 상징한다. 음식이나 물질을 찾는 게 아니라, 우리가 오랜 시간 익숙하게 품어온 감정적 허기, 그 허기를 되풀이하게 만드는 심리 구조를 가리킨다. 놀랍게도 이러한 결핍과 고통은 우리를 불편하게 만들면서도, 그 익숙함 때문에 무의식적으로 반복되곤 한다. 이 패턴을 이해하면, 왜 어떤 고통은 반복되고, 또 어떻게 그 굴레에서 벗어날 수 있는지를 좀 더 명확히 볼 수 있다.

우리는 살면서 크고 작은 결핍을 경험한다. 때로는 물질적인 부족보다 관심이나 인정, 사랑에 대한 결핍이 치명적일 수 있다. 그런데 결핍 자체가 중요하다기보다, 그 결핍을 내가 어떻게 받아들이고 반응하느냐가 더 중요하다.

심리적 배경
1. 익숙함이 주는 안정감

익숙함은 안심이 되고, 변화는 불안을 부른다. 그래서 우리는 변화나 불확실성을 두려워하는 경향이 있다. 차라리 익숙한 고통은 예측할 수 있기 때문에 불확실한 새로운 상황보다 덜 두렵다. 그래서 더 나은 상태로 나아가고 싶으면서도 자신을 괴롭게 만드는 관계나 환경에 머무른다.

융은 《전이의 심리학》에서 이러한 무의식적인 반복을 다음과 같이 설명한다. 고통스럽더라도 그 고통이 자아의 일부로 굳어졌다면, 거기서 벗어나는 일은 일종의 자아가 해체되는 것처럼 느껴질 수 있다. 오랫동안 살아온 방식이자, 나를 규정해온 고통이라면 거기서 벗어나는 일은 '안정감'을 잃는 일처럼 느껴진다.

2. 정서적 굶주림의 반복

굶주림의 충동을 가진 사람은 무의식적으로 결핍된 상태를 유지하거나, 반복하려 한다. 예를 들어, 어린 시절 양육자로부터 충분한 사랑을 받지 못한 사람이 있다고 하자. 이 사람은 성장한 뒤에도 자신을 소홀히 대하거나 비판적인 연인을 반복적으로 선택할 수 있다. 연인의 냉소적인 태도가 오히려 익숙하게 느껴지고, 익숙함은 관계에서 안정감처럼 작동한다. 또한 지속적으로 자존감을 낮추는 상황에 스스로를 놓고, 사랑받기 위해 애쓰는 자신을 발견하기도 한다. 이런 정서적 굶주림은 때로 학습된 굶주림이자, 익숙하고 안정감을 주는 안전지대처럼 느껴지기에 벗어나기 어렵다.

비슷하게, 경제적으로 어려운 환경에서 자란 사람이 계속해서 불안정한 직업만 선택하는 것도 같은 맥락 안에 있다. 이제, 굶주림의 충동으로 인해 나타나는 몇 가지 주요한 패턴들을 알아보자.

굶주림의 충동으로 인한 주요 패턴

1. 자기파괴적 행동

결핍된 상황을 계속 허용하는 사람은 무의식적으로 자기 파괴적인 행동을 하고 있는 걸 수 있다. 학대받는 환경에서 자란 사람이 유사한 관계를 반복하는 경우다. 건강한 관계보다 상처 주는 관계에서 '편안함'을 느끼는데, 정상적인 애정 표현이나 안정된 관계는 낯설고 불안하기 때문이다.

2. 피해자 정체성

고통받는 자신에게 익숙해진 사람은 결핍 상태를 통해 자기 존재를 확인하려고 한다. 이들은 자신의 고통과 결핍을 계속해서 강조하며, 타인의 관심이나 위로를 통해 자신을 유지한다. 그렇게 고통은 단지 힘든 감정이 아니라, 자기 존재를 설명해주는 장치가 되어버린다.

3. 자기비하와 부정적 자아상

'나는 나쁘다', '나는 안 된다'는 내면의 목소리는 굶주림의 충동을 더욱 강화시킨다. 스스로 행복할 자격이 없다고 느끼기에, 일상적인 상황에서도 자신을 비하하거나 의도적으로 성공을 피하기도 한다.

4. 의존적 행동과 관계 중독

굶주림의 충동은 타인에게 지나치게 의존하는 방식으로 나타나기도 한다. 이들은 자신이 독립적이고 강한 존재로 서는 것을 두려워하며, 타인에게 의존함으로써 결핍을 충족하려고 한다. 그래서 상대가 자신을 무시하거나 학대하는데도 관계를 끊지 못하고 버틴다.

5. 성취에 대한 두려움

성공이나 성취가 가져올 변화가 두려운 사람도 있다. 더 나아질 수 있는 길이 있음에도 그 길을 선택하지 못하고 익숙한 결핍 상태에 머문다. 왜냐하면 성취는 책임을 수반하고, 새로운 기대에 맞춰야 하는 불안이 따르기 때문이다. 그래서 어떤 사람은 계속해서 가능성을 회피하고, 고통스럽지만 안전한 자리에 자신을 남겨두려 한다.

6. 감정 회피와 무감각

감정을 억누르거나 무시하는 것도 굶주림의 반복이다. 감정적으로 굶주린 상태에 있으면, 모순적이게도 깊은 감정이나 욕구를 피할 수 있다. 점점 더 욕구를 감지하는 능력이 무뎌진다. 감정에 직면하면 더 고통스러울까 봐, 스스로를 마비시키고 상황을 외면하는 쪽을 택한다. 이렇게 감정에서 도망치는 동안 고통은 계속해서 같은 얼굴로 되돌아온다.

굶주림의 충동에서 벗어나기

굶주림의 충동을 붙잡고 있는 한, 우리는 고통에 머무를 수밖에 없다. 자기성찰을 통해 이 반복을 자각하기 전까지 같은 상처는 계속해서 되풀이된다. 충동을 알아차리는 것은 고통이 더 이상 나를 보호하지 않는다는 사실을 인식했다는 것을 의미한다.

나아가 충동에서 벗어나기 위해서는 내 안에 새겨진 패턴을 정확히 보고, 더는 그 방식에 휘둘리지 않겠다고 결심해야 한다. 무엇보다 중요한 것은 고통 속에서 내가 왜 그런 선택을 했는지를 가슴으로 이해하고 받아들이는 것이다.

변화 자체가 목표가 아니다. 우리의 진정한 목표와 핵심은 나를 더 깊이 이해하고, 그 이해를 바탕으로 더 자유롭고 주체적인 선택을 할 수 있는 힘을 회복하는 것이다.

(5부) **성숙한 삶이란 무엇인가**

나를 이해하고
살아내기

(((15)))

자기수용

나는 나에게 이해받고 싶다

"아무리 나라고 해도, 어떻게 무조건 이해할 수가 있겠어요? 그러면 너무 자기합리화 같고, 내가 뻔뻔한 사람처럼 느껴져요."

이런 이야기를 들을 때마다 나는 항상 이렇게 답한다.

"네, 무조건 이해해주세요. 내가 너무 바보 같고 나약해 보여도, 그건 힘들고 무서워서, 외로워서 그런 거예요. 잘못이 아닌 연약함을 비난하지 마세요. 조금 뻔뻔해도 괜찮아요. 더 따뜻하게 끌어안아 주세요."

남은 나를 무조건 이해해줄 수가 없다. 그러니 언제나 내가 먼저 나를 이해해줘야 한다. 우리 내면은 나 자신에게 충분히 이해받으면, 그다음에는 알아서 성찰도 한다. 자기이해는 자기성찰로 이어지며, 자연스럽게 긍정적인 변화가 일어난다. 그래야 가짜 힘이 아닌 진짜 힘이 쌓인다.

자기수용과 자기합리화는 다르다

무조건적인 이해와 수용은 자기합리화와 다르다. 자기합리화는 자신의 행동과 선택을 정당화하며 성찰을 회피하게 만든다. 자기수용은 연약함을 있는 그대로 바라보며, 오히려 더 나은 방향으로 나아가게 한다. 예를 들어, '나는 실수했어. 하지만 이 실수는 내가 배우고 성장할 기회를 준 거야'라는 태도는 자기수용이다. 반면 '어쩔 수 없는 상황이었어. 내 잘못은 아니야'라고 넘겨버리는 것은 자기합리화다. 자기수용은 내면의 힘을 키우고, 자기합리화는 그 힘을 약화시킨다는 점에서 본질적인 차이가 있다.

진정한 자기성찰은 '해야만 할 것 같은' 당위적 생각이 아니다. '그게 더 바람직한 거니까' 같은 머리에서 나오는 판단도 아니다. 애쓰지 않아도 가슴에서 저절로 이뤄지는 것이다. 나는 이 과정을 '능동적인 수동성'이라고 부른다. 이 개념은 역설처럼 들릴 수 있다. 능동적이라는 것은 주체적으로 행동한다는 뜻이고, 수동성은 그저 받아들인다는 의미이기 때문이다. 하지만 둘은 서로 연결된다.

예를 들어, 하루가 뜻대로 풀리지 않았을 때 '지금 느끼는 이 답답함도 나의 일부야. 괜찮아. 시간이 필요할 뿐이야' 이렇게 자신을 다독이는 것이 능동적인 수동성이다. 그리고 한발 더 나아가 '지금 이 상황에서 내가 선택할 수 있는 건 뭘까?' 이렇게 물어보는 것도 그 태도의 연장선이다.

삶 전체를 향한 태도 역시 마찬가지다. '모든 것을 통제할 수는 없지만, 지금 여기에서 내가 선택할 수 있는 것은 무엇인가?' 이 질문 속에도 능동적인 수동성이 담겨 있다. 자신을 비난하거나 다그치던 순간에 '그래, 지금 나는 힘들어서 이런 선택을 한 거야' 이렇게 자신을 인정해주는 마음에서 시작해보자. 그 작은 태도가 결국 삶을 대하는 더 큰 시각으로 이어진다.

자기수용 실천법

우리는 스스로에게 끝없이 요구한다. 빨리 성숙해지라고, 어서 독립하라고, 완벽주의를 버리라고 다그친다. 하지만 그 불안한 마음에는 움츠린 채 돌아봐주길 기다리는 내면아이가 있다. 실수한 뒤 스스로를 다그치는 마음은 상처받은 아이처럼 위축되어 있다. 그 아이를 몰아붙이지 말고 그저 기다려주면, 조금씩 고개를 들고 기운을 차린다.

힘을 내는 데도 시간이 필요하다. 어떤 사람에게는 하루가, 어떤 사람에게는 몇 주가 걸릴 수도 있다. 내면의 회복 속도는 사람마다 다르기에, 자신에게 맞는 시간을 허락해줘야 한다.

심리학자 칼 로저스는 이렇게 말한다. "사람들은 조건 없는 긍정적인 존중을 받을 때 비로소 진정한 변화를 경험할 수 있다."[19] 누군가에게서 이런 존중을 받으면 큰 힘이 된다. 그런데 그 존중은 타인에게만 받을 수 있는 것이 아니다. 자기 자신에게도 존중을 베풀 때, 스스로에게 새로운 가능성을 열어줄 수 있다.

우리는 타인에게는 관대하면서도, 나에게는 유난히 가혹하다. 다른 사람에겐 "그럴 수도 있지"라고 위로하면서, 내 실수에는 "왜 이렇게 바보 같지?"라고 말한다. 나를 이해하고, 또 무조건 수용하는 것은 쉽지 않은 과정이다. 그러나 '나'란 존재는 그 어려운 과정을 감내할 만한 가치가 있는 사람이다. 더 자유롭고, 더 나은 삶을 원하니까 하는 거다.

나에게 무조건적인 이해와 사랑을 베풀기, 너무 거창하게 생각하지 말자. 좋아하는 간식을 챙겨두었다가 힘들 때 한 입 베어 무는 것처럼, 작은 노트를 들고 다니며 나에게 응원의 한 마디를 적어주는 것도 방법이다. 지칠 때 내가 쓴 글을 읽고 스스로를 다독일 수 있다면, 그것이면 된다. 스스로의 힘으로 나를 일으켜 세우는 순간이니까.

서투름을
사랑할 용기

"우리의 인생은 서툰 실험들의 연속이다. 가장 큰 두려움은 실패가 아니라, 그 실험들을 포기하는 것이다."

―알랭 드 보통

삶은 언제나 크고 작은 문제들로 가득하다. 우리는 종종 이런 사실을 잘 받아들이지 못하고 화를 내곤 한다. "이건 공평하지 않아!"라고 불만을 품거나, "왜 나에게 이런 일이 일어나는 걸까?" 하며 한탄도 한다. 마치 문제가 없는 완벽한 삶이 가능하리라 기대했던 것처럼 말이다. 하지만 나이가 들고 경험이 쌓일수록 깨닫는다. 문제와 고통은 삶의 일부라는 것을. 그리고 성장이란 문제를 해결하는 것만이 아니라, 문제를 대하는 나의 태도와 방식이 달라진다는 것을 의미함을 알게 된다.

심리학자 스콧 펙은 《아직도 가야 할 길》에서 삶은 문제와 고통의 연속이라고 말하며, 이렇게 말했다. "삶은 본질적으로 어렵다. 문제를 회피하는 것이 삶을 더 고통스럽게 만든다. 이것을 인정하는 순간, 인생은 더 이상 문제가 아니다." 그는 이를 '평범한 진리'라고 칭했다.

우리는 모두 서툴다. 결국 인생은 한 문제에서 다른 문제로 옮겨가는 과정이며, 그 과정에서 우리는 언제나 필연적으로 미숙하고 불완전하다. 살면서 겪는 크고 작은 문제와 고통을 내 마음대로 피할 수 없다는 것을 받아들일 때, 우리는 어려움 속에서도 더 나은 길을 모색한다.

서투름을 두려워할 때 생기는 한계

서투름 자체는 문제가 아니다. 문제는 서투름을 두려워하고 싫어하는 마음이다. 우리는 무엇이든 처음부터 능숙할 수 없고, 실수를 거듭하며 조금씩 나아간다. 그런데도 서투름을 인정하지 못하는 마음 때문에 새로운 시작을 미루고, 완벽해 보이려 애쓰거나, 실수를 숨기려 든다. 이런 행동은 일시적인 안정감을 줄 수 있지만, 결국 성장의 기회에서 멀어진다.

의존적인 성향을 가진 사람은 실수했을 때 내가 부족해서 버림받을까 봐 두려워하고, 회피적인 성향을 가진 사람은 새로운 시도를 애초에 피하면서 안전한 틀 안에 머무른다. 두 경우 모두 서투름을 감추려 할수록 더 깊은 고립감에 빠진다.

하지만 생각해보자. 서투름이 없었다면, 지금의 나도 없었을 것이다. 우리가 삶에서 무언가를 배울 때마다 그 첫걸음은 언제나 서툴렀다. 태어난 지 약 1년쯤 된 아기가 걸음마를 배울 때 넘어지지 않는 경우가 없듯이, 어른이 된 이후에도 우리는 삶에서 거의 모든 것들을 '처음'으로 배우며 왔다는 것을 기억하자.

서투름에서 성숙으로

서투름을 받아들이는 데는 용기가 필요하다. 우리 안에는 피터팬처럼 성장을 미루고 싶은 마음이 있다. 피터팬은 어른이 되는 걸 두려워했고, 실수하고 상처받는 일을 피하고 싶어 했다. 성장이란 서툰 나를 직면하는 일이다. 완벽하지 않아도 괜찮다고 말할 수 있을 때, 우리는 진짜 어른이 되어간다.

서투름은 때로 우리의 가장 인간다운 부분이다. 작가 브레네 브라운은 이렇게 말한다. "취약함은 곧 용기의 본질이다. 진정한 성장은 자신의 불완전함을 받아들이는 순간부터 시작된다."[20]

완벽하려고 애쓸수록 우리는 진정한 자신에서 멀어진다. 그러나 서투름을 받아들이면 우리는 애초부터 온전했던 자신과 가까워질 수 있다. 서툴 때 스스로에게 이렇게 말해보자. "괜찮아, 처음부터 잘할 수는 없는 거야." 작은 실수를 애써 덮지 말고, "이것도 내가 성장하는 과정이야"라고 다독이는 것이다.

나는 '서툴러도 괜찮다'는 말을 자주 되뇐다. 왜냐하면 지금의 이 서툼 덕분에 나는 더 많은 것을 배워나가고 있다는 것을 알기 때문이다. 서투름을 받아들이는 순간, 우리는 한발 더 나아간다. 그리고 그걸 반복할 때 자기신뢰가 깊어진다.

나는 나를
놓지 않았다

나는 앞에서 자신을 미워하기 때문에 자신의 감정, 욕구, 소망을 외면하거나 소홀하게 된다고 말했다. 또 어떤 사람들은 자신을 미워할 때 삶에 대한 기대 자체를 접어버리기도 한다. 인간의 마음은 참으로 복잡하다. 그러나 이 모든 마음의 흐름을 단순히 '자기미움' 때문이라고 볼 순 없다.

　자기미움은 내 안에 어떤 특정한 인격(자아)이 일으키는 반응일 뿐이다. 예를 들어, 완벽주의 자아가 '아직 부족해'라고 다그치거나, 밀어붙이는 자아가 '지금 멈추면 안 돼'라며 조바심을 낸다. 이 인격들이 하는 일은 모두, 아이러니하게도 '나를 지키려는 시도'다. 때로는 그 방식이 거칠고 아프게 다가오지만, 그래도 나를 위한 건 맞다. 우리가 아무리 부정적인 감정에 휩싸였을 때라도, 혹은 원하는 것도 없고 모든 것이 무의미해 보일 때조차도, 사실, 우리는 단 한 번도 우리 자신을 완전히 놓은 적이 없다.

미움 속에 숨겨진 사랑

　사람은 본능적으로 더 나은 삶을 바란다. 욕망은 무의식

속에서도 꺼지지 않는다. 누군가는 더 많은 돈을, 누군가는 더 깊은 연결을, 또 누군가는 내면의 평화를 꿈꾼다. 우리 안에는 소망의 불꽃이 타고 있고, 그 불꽃을 더 환히 밝히고 싶어 한다. 이 불꽃이 꺼지지 않았기에 우리는 여전히 살아 있고, 또 어떤 내일을 향해 나아간다.

그러나 현실이 기대와 어긋날 때 좌절은 불가피하다. 거절당하면 '내가 부족한가' 싶고, 원하는 결과를 얻지 못하면 '나는 실패자야'라는 생각이 든다. 이런 생각은 더 단단한 내가 되고 싶고, 더 잘하고 싶은 마음에서 나왔다. 완전히 포기한 사람은 아프지도, 바라지도 않는다. 이렇게 겉으로는 자신을 미워하는 것처럼 보이지만, 그 미움은 자기사랑의 일그러진 표현일 수 있다. 자기미움의 뿌리에는 자신에 대한 진정한 관심과 기대가 숨어 있기 때문이다. 그리고 그 기대야말로, 내가 나를 놓지 않았다는 뜻이다. 따라서 자기미움은 자기사랑에서 비롯된 것이다.

참나의 조용한 지지

융은 우리 마음 깊은 중심에 '자기(Self)'가 있다고 보았다. '자아(Ego)'는 내가 의식하는 나이지만, '자기(Self)'는 내가 아직 다 알지 못하는, 그러나 결국 닿아야 할 '근원적 나

(참나)'다. 우리가 겪는 갈등, 고통, 혼란도 결국 자기에게 다가가는 과정일 수 있다. 삶의 어려움 속에서도 중심은 조용히 나를 지지한다. 흔들리지 않고, 비난하지 않고, 나를 있는 그대로 받아들이는 '나'가 있다.

수도자이자 사상가인 토마스 머튼Thomas Merton[21]은 이렇게 말했다. "우리의 깊은 본성은 선하고, 영적인 자아는 본래 신의 형상과 닮았다." 머튼이 말하는 '깊은 본성'은 융이 말한 '자기'와 같은 방향을 바라보고 있다. 그 중심은 언제나 나를 향해 열려 있고, 내게 등을 돌리지 않는다.

우리는 이상적인 자아를 상상한다. 그리고 거기에 도달하지 못했을 때 '이렇게 부족한 나는 가치 없다'고 느끼기도 한다. 하지만 그건 드러나는 태도일 뿐이다. 우리의 참나는 실패와 좌절에도 불구하고 변함없이 내 안에 머물러 있다. 외부의 평가에 휘둘리지 않으며, 나를 향한 사랑을 한 번도 거둔 적이 없다. 이러한 진실 덕분에 우리는 다시 일어설 수 있고, 나아갈 힘을 얻는다.

우리가 자신을 미워할 때조차도 그 안에는 '더 나은 나'를 향한 열망이 살아 있다. 그 미움은 좌절의 표현으로, '더 나은 나'를 만들고 싶다는 열망이 거꾸로 뒤집혀서 미움으로 나타났을 뿐이다. 그래서 이 열망조차도 내가 나를 포기하지 않았다는 증거다.

    너무 큰 기대를 내려놓고, 지금 내가 진짜로 바라는 것이 무엇인지 잠시 생각해보자. 그 순간, '나는 나를 놓은 적이 없다'는 진실이 보일지도 모른다. 미움이 아니라 사랑이었다는 걸 깨닫게 될 것이다.

(((**16**)))

정체성도 발달한다

정체성의 발달과
성숙한 삶

정체성은 나를 설명하는 언어이자, 나를 규정하는 틀이다. 많은 사람들은 정체성이 고정되어 있다고 생각하지만 사실 발달단계에 따라 정체성은 계속 변한다.

우리는 다양한 관계와 역할에서 '내가 누구인지'를 확인받는다. 때로는 그 안에서 나를 정의하거나 상대의 기대에 나를 맞춘다. 그렇게 형성된 정체성은 안정감을 주지만, 관계가 흔들리거나 역할이 사라질 때 우리는 다시 묻게 된다.

'나는 누구인가?'

바로 그 낯섦과 불확실함이 정체성을 새롭게 조율하게 만드는 계기가 된다. 심리학자 제임스 홀리스James Hollis는 정체성의 발달[22]을 네 단계로 나누어 설명하며, 각 시기마다 다른 방식으로 자신을 정의하고 삶의 의미를 발견해나간다고 말한다. 그는 네 단계가 삶의 자연스러운 순환이며, 이 과정을 통과하면서 인간은 점차 더 깊은 자기이해와 수용으로 나아간다고 보았다.

1단계. 유년기: '부모-자식' 관계성

이 시기에는 부모의 세계를 통해 자아가 형성된다. 부모의 말, 태도, 가치관이 그대로 아이의 자아에 각인된다. 아직 독립된 자아로 볼 수 없고, '부모가 원하는 나'를 기준으로 정체성을 만든다.

2단계. 사춘기~1차 성인기까지: '자아-세계' 관계성

청소년기는 정체성이 급격히 확장되는 시기다. 부모에게서 벗어나려는 욕망과 학교나 친구 등 사회적 기준 속에서 인정받고 싶은 욕망이 함께한다. 이 시기는 '나는 누구일까'를 고민하면서도 여전히 남들이 나를 어떻게 보는지가 훨씬 더 중요하게 느껴지는 때다.

1차 성인기는 드디어 잠정 인격이 만들어지는 시기다. 잠정 인격이라 하는 이유는 그 정체성이 스스로 생성한 것이 아니라 부모와 사회 제도가 정해준 모델과 지침에 의존하기 때문이다. 아직 진정한 독립된 인격체라고 할 수 없다.

3단계. 2차 성인기(중년): '자아-자기' 관계성

이 시기에는 외부의 기대나 평가보다 내면의 기준에 더 집중한다. '지금의 삶은 내가 진짜 원하던 삶인가?', '나는 나로서 충분한가?' 이런 질문들이 생기고, 과거에 쌓은 역할이나 타이틀이 나의 전부가 아님을 깨닫게 된다. 이 시기는 정체성이 가장 깊이 재구성되는 시점이며, 진정한 자기 자신과 만나는 전환기다.

4단계. 노년기: '자기-신/우주' 관계성

삶의 후반부에 들어서면 생의 유한성을 자각하게 된다. 그러면서 더 넓은 차원의 존재와 의미를 찾으려는 열망이 생긴다. 신앙, 철학, 자연, 죽음, 어떤 경로를 통해서든 '나'를 넘어선 차원의 연결을 느끼려고 한다. 이 단계에서는 '나는 누구인가'보다는 '나는 어디에 속해 있는가', '무엇과 연결되어 있는가'라는 보다 근원적인 의미를 탐구한다.

정체성은 한 번 정의되고 끝나는 것이 아니다. 부모라는 거울 속에 비친 나에서, 타인의 시선 속에 비친 나로, 그리고 내면 깊숙이 마주하는 나, 마침내 나를 넘어서는 더 큰 차원과 연결된 나로 정체성을 확장해간다. 그래서 우리는 매일매일 변화하면서 존재와 삶에 더 진실해지는 이야기를 쓰고 있는 중이다.

정신의 정체성 발달단계에서 '잡는 법'과 '놓는 법'의 의미

우리는 인생에서 저마다의 시기에 따라 다른 짐을 짊어진다. 어떤 때는 무언가를 꼭 쥐고 나아가야 하고, 어떤 때는 더는 쥘 수 없는 걸 놓아야 한다. 그렇게 잡는 것과 놓는 것을 반복하면서 우리는 점점 더 '나다운 나'에 가까워진다.

앞에서 본 정체성 발달 구조를 바탕으로, 각 단계마다 무엇을 붙잡고, 무엇을 놓아야 할지 짚어보려 한다. 나는 이 흐름을 '정신의 정체성 발달단계'라 부르겠다. 이 단계들은 나이나 시기가 기준이 아니라, 지금 내 삶에서 마주하고 있는 내면의 과제와 관심의 방향에 따라 구분된다. 나는 어느 단계에 있는지, 이제 무엇을 하면 좋을지 생각해보자. (혹은 나는 지금 어느 단계에 와 있을까. 이제 무엇을 선택해야 할까.)

'부모-자식' 관계성

지금도 부모의 목소리에 크게 영향을 받고 있다면, 정신은 여전히 유년기 단계에 머물러 있을 수 있다. 부모의 가치관과 기대로 자아가 형성되어 있으며, 성인이지만 여전히 자신의 결정과 행동에 부모가 깊은 영향을 미치고 있다. 부모의 기준을 충족시키는 것이 자신을 지키는 방법으로 작동하기도 한다. 그러나 이 단계에 머물면 억압된 자율성으로 인해 분노가 쌓일 가능성이 크다.

① 잡는 법

부모 또는 양육자의 사랑과 지지를 온전히 받아들인다. 부모가 나를 위해 했던 노력과 애정을 떠올리며, 그 안에서 안정감을 발견해본다. 그들이 준 긍정적인 유산이 나를 지탱해주는 힘이 되었음을 인정한다.

② 놓는 법

부모의 기대나 비판에서 한 걸음 물러선다. 내면화된 부모의 목소리를 인식하고, 그것이 나의 선택을 방해하지 않도록 의식적으로 분리한다. 삶의 중요한 결정을 내릴 때 부모의 가치관이 아닌 내 기준에 따라 판단한다.

③ 상징

이 단계의 상징은 부모의 손을 잡고 걷던 아이가 손을 놓고 스스로 걸음을 내딛는 장면이다. 내면화된 부모의 영향에서 벗어나 자신의 기준으로 나아가는 법을 배운다.

④ 적극적 상상

작은 손으로 부모의 손을 꼭 잡고 있던 어린 시절의 나를 떠올린다. 이제 그 손을 천천히 놓아보자. 한 발, 또 한 발, 내 발로 걸어 나간다. 처음엔 불안하고 흔들리지만, 이내 균형을 찾는다. 내 두 다리로 땅을 딛고 서 있는 나를 느껴본다. 부모의 손을 놓고도 걸을 수 있다는 믿음을 몸으로 기억해 낸다.

'자아-세계' 관계성

이 단계에서는 정신 활동의 중심이 세계로 향한다. 타인의 평가와 사회적 기준을 통해 자아를 확인하고, 나의 가치를 외부에서 찾으려는 경향이 강하다. 직장, 친구 관계, 사회적 성공이나 성취 같은 것들이 주요 관심사가 된다. 그러나 외부의 기대나 평가에 지나치게 의존하면 내면의 중심을 잃게 될 위험이 있다.

① 잡는 법

외부 세계와 적극적으로 상호작용하며, 다양한 경험을 통해 자신을 탐구한다. 사람들과 관계를 맺고, 새로운 상황에 도전하면서 나의 세계를 넓혀간다.

② 놓는 법

외부의 평가에 자신을 맞추려는 태도를 내려놓는다. 자신의 가치를 타인의 인정에만 맡기지 않고, 내면에서 찾아야 한다. 직장에서의 성과나 타인의 인정도 중요하지만 그것이 전부가 아님을 인식하고, 내 안의 기준에도 귀 기울인다.

③ 상징

나는 '나만의 섬'을 찾아가는 항해자다. 나에게 가장 잘 맞는 섬을 발견하고 그곳에 닻을 내리는 장면이 이 단계의 상징이다.

④ **적극적 상상**

넓은 바다 위를 항해하는 나를 떠올려본다. 크고 작은 섬들을 지나며 새로운 풍경과 사람들을 만난다. 어떤 섬은 북적거리고, 어떤 섬은 나를 유혹한다. 하지만 나는 계속해서 나만의 섬을 찾는다. 저 멀리 '나만의 섬'이 보인다. 거기로 가 닻을 내린다. 나는 그 섬에 머무르며 나의 중심을 느낀다.

'자아-자기' 관계성

이 단계에서는 정신의 방향이 외부에서 내면으로 향한다. 외부의 인정이나 기준보다 자신의 가치와 삶의 방향성이 중요하다. 진정한 자아를 발견하려는 노력이 이루어진다. 일반적으로 중년 이후에 드러나기 쉬우나, 시기의 문제라기보다 삶의 전환과 각성의 깊이와 더 관련이 있다.

① 잡는 법

자신의 내면에 더 가까이 다가가고, 더 정직하게 마주한다. '나는 지금 무엇을 원하고 있는가?', '어떻게 살아가고 싶은가?' 같은 질문을 자주 던져보자. 이런 질문들을 반복하다 보면 내가 원하는 삶이 무엇인지 분명해지고, 그에 맞는 선택을 하게 된다.

② 놓는 법

과거의 역할과 성공에 대한 집착을 내려놓는다. 사회적 지위, 인정, 성취 같은 외적인 기준이 더는 정체성의 중심이 되지 않도록 한다. 이제는 타인의 기대가 아니라, 나의 가치를 따라 살아간다.

③ 상징

진흙 속에 묻혀 있는 보석이다. 진흙을 씻어내며 보석을 찾아내는 과정처럼, 내면의 본질을 발견하기 위해 외부 장식을 벗겨내는 장면이다.

④ 적극적 상상

마음속 깊은 곳, 진흙에 묻힌 보석 하나를 상상해본다.

겉은 어둡고 탁하지만, 그 안에는 빛나는 무언가가 있다. 손으로 조심스레 진흙을 닦아낸다. 이때 느껴지는 감정들, 억눌려 있던 것들, 외면했던 일들이 떠오를 수 있다. 그 모든 것을 지나며, 보석은 점점 빛을 드러낸다. 그 보석은 다름 아닌 나다. 그 빛을 마주하고, 받아들이며 고요히 머물러본다.

'자기-신/우주' 관계성

이 단계에서는 정신 활동이 개인의 경계를 넘어선다. 나의 삶이 우주적 흐름과의 연결로 확장된다. 유한한 존재로서의 수용과 초월이 중요한 화두가 된다.

① 잡는 법

지금까지의 삶을 통합적으로 바라본다. 수많은 경험과 선택이 지금의 나를 만들었음을 인식하고, 그 모든 여정에 의미를 부여해본다.

② 놓는 법

성과나 결과, 물질적 가치나 개인적 욕망에 대한 집착을 내려놓는다. 존재 그 자체로서의 자신을 받아들이고, 삶의 흐름에 자신을 편안하게 맡긴다.

③ 상징

강물이 바다로 흘러드는 장면이다. 강물이 더 이상 자신의 흐름만을 따르지 않고 큰 바다와 하나가 되듯, 나 역시 더 큰 흐름과 만나는 순간이다.

④ 적극적 상상

자신을 강물이라 상상한다. 들판을 지나고, 바위도 만나고, 굽이굽이 흐른다. 이제 큰 바다가 눈앞에 펼쳐진다. 강물은 저항하지 않는다. 자연스럽게 바다로 흘러 들어간다. 개별적이었던 흐름이 더 큰 흐름과 하나가 되는 순간, 몸도 마음도 편안해진다. 나를 이루는 모든 것이 이 거대한 흐름 속에서 이어지고 있음을 느껴본다.

삶의 여정을 수용하며

살다 보면 어떤 순간엔 무엇을 붙잡아야 할지 몰라 헤매고, 또 어떤 순간엔 내려놓지 못해 지치기도 한다. 우리는 이런 과정을 거치며, 매번 인생의 갈림길에서 무엇을 붙잡고 놓아야 하는지를 배워왔다. 이제는 그 선택을 좀 더 의식적으로 해보기를 권한다.

잡는 법은 안정감을 주고 방향성을 제시한다. 놓는 법은 더 가볍고 자유롭게 해준다. 지나온 시간을 돌아보며 지금 내게 꼭 필요한 것과 내려놓아야 할 것을 성찰할 때, 단 한 번뿐인 삶을 더 깊이 있게 살아갈 수 있을 것이다. 그러니 자신에게 이렇게 물어보자. '지금 내게 진짜 필요한 것은 무엇인가? 그리고 이제 놓아도 될 것은 무엇인가?'

마흔 개의 질문

산을 오르거나 먼 길을 걷다가 문득 멈춰 뒤를 돌아본 적이 있을 것이다. '얼마나 왔을까?', '지나온 길은 어땠을까?' 하고. 삶도 마찬가지다. 가끔은 문득 내가 지나온 인생길을 되짚어보고 싶다. 이런 내면의 움직임을 나는 '돌아보기 본능'이라고 부른다. 단순하게 과거를 회상하는 것이 아니다. 지금 나의 자리를 더 깊이 이해하고자 하는 본능적인 감각이다.

여기 소개하는 질문들은 정신의 정체성 발달단계를 따라, 지금 내 삶에서 마주하고 있는 내면의 과제를 성찰하게 한다. 질문에 답하는 것이 쉽지 않을 수도 있다. 그래도 천천히, 솔직하게 마음을 탐구하다 보면 어느새 당신만의 방향이 조금씩 드러날 것이다.

'부모-자식' 관계성

- 나는 여전히 부모의 기대에 맞추어 살고 있는가?
- 부모의 가치관과 나의 가치관은 어떻게 다른가?
- 나는 부모의 인정을 얻기 위해 지나치게 희생하고 있지는 않은가?
- 부모와의 관계에서 나의 역할은 무엇인가?
- 부모와의 관계에서 느끼는 부담감이나 죄책감을 어떻게 다루고 있는가?
- 부모로부터 독립적인 결정을 내릴 수 있는가?
- 부모로부터 배운 가치관 중 지금의 나에게 여전히 중요한 것은 무엇인가?
- 부모와의 관계에서 오는 감정적 갈등을 어떻게 처리하고 있는가?
- 부모와 나는 어떻게 연결되어 있는가?
- 부모와의 관계에서 나는 어떤 감정적 자유를 원하고 있는가?

'자아-세계' 관계성

- 나는 세상 속에서 나의 자리를 찾아가고 있는가?
- 실패나 좌절을 겪어도 다시 일어설 힘이 나에게 있는가?
- 세상이 요구하는 것과 내가 원하는 것을 조화롭게 통합하려고 노력하는가?
- 나는 내 열망과 욕망을 솔직하게 받아들이고 있는가?
- 내가 세상 속에서 가장 두려워하는 것은 무엇인가?
- 나는 사회적 관계에서 나의 자아를 확장시키고 있는가?
- 나는 새로운 도전을 받아들이고 있는가?
- 갈등이 생겼을 때 무작정 피하지 않고, 나의 입장을 솔직하게 표현하려고 하는가?
- 나의 목표를 이루기 위해 적극적으로 행동하고 있는가?
- 지금 하는 일이 나와 잘 맞는지, 나의 길을 찾기 위해 노력하고 있는가?

'자아-자기' 관계성

- 나는 지금까지의 사회적 역할을 어떻게 받아들이고 있는가?
- 나는 내면의 소리를 듣고 그것에 따르고 있는가?
- 순간순간 내 진정한 욕구를 알아차릴 수 있는가?

- 나는 과거의 나와 현재의 나를 비교하며 지나치게 자책하지 않는가?
- 내 삶에 대한 새로운 목표를 세우고 있는가?
- 내 두려움과 불안을 어떻게 다루고 있는가?
- 나는 나를 존중하고 사랑하는가?
- 나는 지금의 삶에서 만족감을 느끼고 있는가?
- 최근 나를 위해 선택하거나 바꿔본 것은 무엇이었는가?
- 나답게 사는 삶을 위해 무엇을 새롭게 시도해볼 수 있는가?

'자기-신/우주' 관계성
- 지금까지 살아오면서 가장 의미 있던 순간은 언제였는가?
- 나는 내 삶을 어떻게 평가하고 있는가?
- 나는 죽음을 어떻게 받아들이고 있는가?
- 죽음 이후의 세계에 대해 어떤 생각을 가지고 있는가?
- 죽음에 대한 두려움을 어떻게 다루고 있는가?
- 자연이나 우주적 흐름과 연결되어 있다는 느낌을 받고 있는가?
- 나는 더 큰 우주적 흐름 속에서 나의 위치를 어떻게 느끼고 있는가?
- 나는 삶의 유한함을 인정하며 살아가고 있는가?

- 남겨진 시간 동안 나는 무엇을 하고 싶은가?
- 나는 지금 이 삶이 나에게 주어진 어떤 '의미 있는 여정'이라고 느끼는가?

정체성의 단계마다 온몸으로 살아온 당신, 참으로 수고했다. 그동안의 모든 경험은 당신을 성장시키고, 더 통찰력 있는 사람으로 만들어주었다. 비록 지금의 내가 그렇게 만족스럽지 않거나, 미성숙하다고 느껴질 수 있지만, 그 느낌이 곧 진실은 아니다. 지금 이 자리까지 온 모든 과정 하나하나가 다 의미 있다. 성숙이란 결코 완성된 상태가 아니라, 계속해서 변화하고 성장하는 과정이기 때문이다. 당신은 이미 그 길을 걷고 있으며, 앞으로도 계속해서 걸어갈 수 있을 것이다. 힘을 내자, 그리고 용기를 잃지 말자.

(((17)))

진정한 성장을 향하여

의존도, 회피도
고통을 처리하는 방식이다

우리는 흔히 '더 나아져야 한다'는 강박에 사로잡히곤 한다. 하지만 그런 강박은 고통을 더 키운다. 나의 성향을 문제 삼기보다 그것을 있는 그대로 알아차리고 받아들이는 게 우선이다. 변화는 자기 자신을 사랑하고 수용하는 데서 시작된다. 나를 몰아붙이는 대신 이해하고 품어주는 쪽으로 방향을 바꿔보자.

사람들은 흔히 '변화가 곧 성장이다'라고 생각하지만,

절반만 맞는 말이다. 변화는 자기 자신을 온전히 이해하고 수용할 때 비로소 가능하다. 내가 왜 그런 선택을 했는지 모른다면, 우리는 진정으로 변할 수 없다. 단순히 '더 나아져야 한다'는 압박만으로도 지속적인 성장은 불가능하다. 자기 자신을 이해하지 못한 변화는 마치 방향을 잃고 떠도는 배와 같다.

의존, 타인의 품에서 찾는 위로

의존적인 사람은 고통을 덜어내기 위해 타인의 인정과 사랑을 구한다. 스스로를 충분히 사랑하지 못하거나, 자기 가치를 느끼지 못할 때 타인의 반응에 더 크게 흔들린다. 그것은 자기 내부에서 채워지지 않는 공허함을 외부에서 채워보려는 자연스러운 시도다.

하지만 기대가 충족되지 않을 때 깨닫는다. 내가 스스로 줄 수 없는 사랑은, 결국 그 누구도 대신 채워줄 수 없다는 사실을. 이러한 경험은 아프지만 실패도, 부끄러움도 아니다. 나를 더 정확하게 이해하고, 있는 그대로 받아들이게 만드는 기회다.

회피, 돌아서서 숨을 고름

회피는 고통 그 자체를 밀어내려는 시도다. 실패의 두려움이 크거나, 감정적으로 감당이 어려울 때 우리는 그 길에서 돌아서곤 한다. 겉으로는 무기력해 보일 순 있지만 그 안에는 더 큰 상처로부터 자신을 지키려는 본능이 있다.

실제로 두려운 건 실패 자체라기보다 그 이후에 느낄 무력감이나 외로움일 때가 많다. 회피는 일시적으로 숨 돌릴 틈을 마련해준다. 하지만 방치된 고통은 더 무겁게 돌아온다. 먼지가 쌓인 방을 오래 닫아두면 나중에 청소하기 더 힘들어지는 것처럼 말이다.

성격을 이해하고 나를 품는다는 것

우리는 스스로에게 너무 쉽게 가혹해진다. '나는 왜 이렇게 의존적일까?' '왜 또 회피하고 있지?' 이렇게 자책하면서, 이미 힘든 마음을 더 몰아세운다. 하지만 이런 방식이 한 사람의 전부를 설명할 수 없음을 알고, 자신에게 좀 더 넓은 품을 내어주자. 자비Metta는 타인에게만이 아니라 자기 자신에게도 필요한 마음이다. 나를 꾸짖지 않고 따뜻하게 품어주는 태도를 말한다. 내가 가진 성향을 문제 삼기보다 그것이 지금껏 나를 버티게 한 흔적임을 인정해보자.

의존은 내가 혼자가 아니라는 사실을 알게 한다. 회피는 잠시 멈춰도 괜찮다는 여유를 준다. 이 둘은 모두 필요하지만 그 안에만 머물러선 안 된다. 의존은 감당할 수 없을 때가 되면 안전한 사람에게 기대는 방식으로, 회피는 자기 자신에게 시간을 주되 다시 돌아올 결심이 있어야 한다.

예를 들어, 실연을 겪은 사람이 처음엔 친구들에게 의지하며 마음을 달래다가, 어느 순간부터는 같은 이야기를 반복하기보다 혼자 산책을 하거나 새로운 취미를 시작하는 경우가 있다. 이 사람은 의존과 회피를 적절히 활용하며, 자신만의 방식으로 치유와 회복의 과정을 거친 셈이다.

핵심은 지금 나의 방식이 어떤 기능을 하고 있는지 인식하는 일이다. 무조건 바꾸려고 애쓰지 말자. 어떻게 다룰지 고민하는 쪽이 현실적이고 지속 가능하다. 의존과 회피라는 성향조차 내가 살아온 흔적임을 받아들인다면 그 흔적 위에서 더 단단한 나를 만들 수 있다.

나를 깨우는 순간들,
의식적으로 살아가기

외부 기준에만 매달리지 않고 내 가치와 균형을 이루려면 어떡해야 할까. 나를 이해하고 통합하는 '의식화(정신화)'의 과정이 필요하다. 의식화는 내가 느끼는 감정, 행동, 그리고 생각의 출처를 명확히 들여다보는 작업이다. 그것은 인지적 통찰을 거친 후에 감정적 통찰로 이어지는 더 깊은 자기인식이다.

예를 들어, 특정 장소에 가면 이유 없이 불편함을 느낄 때 '왜 이 장소가 나를 이렇게 불안하게 만드는 걸까?'라고 자문해보는 거다. 이 질문은 단순히 감정적 불편함을 해소하기 위한 게 아니다. 장소와 연결된 과거의 경험, 억눌린 기억, 혹은 특정한 상황에 대한 막연한 두려움이 작용하고 있다는 사실을 드러낸다. 의식화는 이런 흐릿한 감정의 뿌리를 밝혀내어 더 이상 그것에 휘둘리지 않도록 돕는다. 마치 거울에 묻은 먼지를 닦아내듯 자신과 세상을 더 선명하게 바라보게 해주는 과정이다.

의식화는 성장의 고통을 수반한다

의식화는 편안한 과정이 아니다. 내면의 상처와 억압된 감정을 마주해야 하기 때문에 때로는 고통스럽다. 그러나 이 고통은 무의미하지 않다. 그 안에는 치유와 성숙의 씨앗이 함께 담겨 있다.

고통과 마주할 때 내면의 충돌과 혼란을 더 명확히 볼 수 있다. 우리의 내면에는 분노, 슬픔, 욕망 등 다양한 목소리가 공존하며 때로는 서로 충돌한다. 의식화는 이 혼란 속에서 각각의 목소리를 분별하고, 그들 사이의 화해를 가능하게 만든다. 이를 통해 보다 균형 잡히고 온전한 자아로 나아갈 수 있다.

융은 '무의식의 의식화'를 강조하며 다음과 같이 말했다. "당신이 무의식을 의식화하지 않으면, 그것은 당신의 삶을 지배할 것이며, 당신은 그것을 운명이라 부를 것이다."

무의식을 외면하면 그 안에 담긴 억압된 욕망과 상처가 삶을 교묘히 지배한다. 특정 감정이나 행동이 반복되는 이유를 추적하는 것, 그것이 의식화다. 이 과정은 내 삶을 좌우하던 보이지 않는 힘을 이해하고, 그것으로부터 자유로워지는 길을 열어준다.

의식화는 고통을 이해하거나 치유하는 데 그치지 않는

다. 삶의 방향을 재설정하고, 더 지혜로운 선택을 가능하게 한다. 과거의 상처나 무의식적 욕구에 끌려가는 삶이 아니라, 의식적으로 선택하고 방향을 정할 힘이 생긴다.

또한 의식화는 내면의 잠재력을 깨우는 계기가 된다. 다양한 감정과 욕구를 통합하면 그 안에서 창조적 에너지가 솟아난다. 예를 들어, 슬픔이라는 감정을 억누르지 않고 글이나 그림으로 표현하는 과정에서 예술성이 드러나거나, 과거의 상처를 이해하고 난 뒤 누군가에게 공감하는 능력이 깊어질 수 있다. 이러한 창조적 에너지는 삶을 더 풍요롭고 자유롭게 만든다. 의식화는 결국, 삶에서 온전히 깨어 있게 한다.

내면의 힘을 키우는
자기분화

자기분화란 자신만의 정체성을 유지하면서도 타인과 연결될 수 있는 능력을 말한다. 의존과 회피라는 두 극단을 넘어, 정서적 독립과 관계의 조화를 이루는 데 필요한 핵심적인 내적 자원이다. 자기분화 수준이 높은 사람은 감정을 명확히 자각하고, 감정의 근원을 이해하며, 타인의 감정과 나의 감정을 혼동하지 않는다. 또한 외부의 영향을 받더라도 나의 중심을 잃지 않고 의식적인 선택을 할 수 있다. 즉, 자기분화란 생각과 감정 사이의 균형, 자율성과 친밀함 사이의 조화를 이루는 힘이다.

휘둘리지 않는 감정적 독립

감정적 독립과 내면의 균형은 매일의 경험에서 익혀가는 삶의 기술이다. 예를 들어, 친구가 갑작스럽게 예민한 반응을 보이며 말을 툭 던졌을 때, 즉각적으로 상처받거나 화를 내기보다, '쟤가 지금 어떤 감정 상태일까?' 그리고 '내가 여기에 어떻게 반응하고 싶은가?'를 한 걸음 물러나 생각해 보는 것이다. 이처럼 감정적으로 물들기 전에 잠시 멈춰 자신과 타인의 감정을 구분하려는 태도, 그것이 바로 자기분화를 실천하는 연습이다.

중요한 건 타인의 말이나 표정에 휘둘리지 않으면서도 관계를 완전히 차단하지 않는 태도다. 무시하거나 방어적으로 벽을 치지 말고, 내 감정을 존중하면서도 건강한 거리를 유지하는 방식을 찾는 것이다.

다시 중심을 잡는 힘

내면의 균형이란 실패와 혼란 속에서도 나를 믿고 중심을 잡는 능력이다. 예를 들어, 발표 자리에서 실수를 해 당황스러운 순간을 떠올려보자. 많은 경우 얼어붙거나 도망치고 싶어진다. 하지만 자기분화 수준이 높은 사람은 상황을 되새기며 '나는 무엇을 놓쳤고, 이 경험이 내게 어떤 변화를 요청하는가'를 스스로 묻는다.

"누구나 실수를 해. 나는 이 경험을 통해 더 유연하고 단단해질 수 있어."

이런 믿음은 삶에서 불가피하게 찾아오는 실패와 아픔 속에서도 나를 지탱해주는 든든한 자원이 된다.

이 책에서는 의존과 회피 성향을 중심으로 자기 내면을 통합하는 방법을 다뤘다. 이 모든 과정을 관통하는 것이 의식화와 바로 자기분화다. 이것은 단번에 이뤄지지 않는다. 매일매일 깨어서 선택하고 하나씩 실천하면서 서서히 길러진다. 감정을 진지하게 들여다보고 스스로에게 아낌없이 격려해주며 연습해보자. 통합된 나로 거듭나는 깊은 만족과 기쁨을 느낄 수 있을 것이다.

대극성을 품고
통합으로 나아가기

이 책을 통해 우리는 의존과 회피, 잡는 것과 놓는 것, 신념과 충동, 의식과 무의식이라는 다양한 대극성對極性을 마주해왔다. 대극성이란 겉으로는 반대되는 두 성향이지만, 실제로는 서로를 보완하며 하나의 전체성을 이루는 두 측면을 뜻한다. 융 심리학에서는 대극성의 조화를 내면의 성장과 통합의 핵심 과정으로 본다. 두 요소가 서로 긴장을 유지하면서도 연결될 때, 인간은 더 넓은 시야와 자유를 얻게 된다.

대극성은 단순한 대립과 다르다. 대립은 한쪽이 다른 쪽을 배척하거나 극복해야 하는 태도지만, 대극성은 서로의 존재를 인정하고 조화를 모색하는 관계다. 의존과 회피 역시 그렇다. 이 둘은 고통에 대한 서로 다른 대처 방식이지만, 있는 그대로 이해하고 통합할 때 우리는 '반응이 아닌 인식'으로 살아갈 수 있게 된다.

통합이란, 나를 하나로 받아들이는 일

자기통합은 다양한 내면의 목소리, 감정, 성향을 선택하거나 제거하지 않고 함께 끌어안는다. 억눌린 감정, 피하고 싶던 모습, 쉽게 놓지 못했던 집착들까지 모두 나의 일부로 인정할 때, 내면은 점차 자연스럽게 통합돼 간다. 대극성의 조화를 통해 파편화된 내면의 조각들을 하나의 의미 있는 그림으로 완성해가는 것이다.

자아초월 심리학자 켄 윌버는 이를 의식의 확장 과정으로 보았다. 자아를 부정하거나 해체하는 것이 아니라, 높은 수준의 의식을 통해 자아와 세계가 하나로 연결되는 것이다. 이 과정에서 우리는 삶을 새로운 시각으로 보고, 더 깊은 의미를 깨닫는다. 동서양의 철학과 영성에서도 통합은 중요한 주제로 다뤄져 왔다. 힌두교에서는 아트만과 브라흐만, 불교에서는 연기, 도교에서는 음양, 서양에서는 헤겔의 변증법과 스피노자의 일체성을 통해 서로 다른 것들이 하나로 이어지는 조화와 통합의 가능성이 강조되었다. 이처럼 통합은 시대와 문화를 넘어 인간 의식의 확장을 위한 보편적 주제였다.

일상에서 통합을 실천하기
1. 대립된 감정을 수용하기

어떤 상황에서는 서로 다른 감정이 동시에 올라올 수 있다. 기쁘면서도 불안하거나, 기대되면서도 두려울 수 있다.

그럴 때 한 감정만 옳다고 여기지 말고, 서로 다른 감정이 함께 존재할 수 있음을 인정한다. 감정은 이겨내거나 없애는 게 아니다. 살아 있는 나의 일부로 존중하는 거다.

2. 선택의 순간에서 균형 찾기

밖에서 일어나고 있는 일과 내 마음에서 일어나고 있는 일, 관계성과 자율성 사이에서 양쪽을 모두 살펴보고 균형을 찾으려 해보자. 일과 사랑, 타인과 나 자신 사이에서도 서로를 배척하지 않고 중간 지점을 찾을 수 있다. 통합은 하나를 버리는 것이 아니라, 둘을 연결해 새로운 조화를 만드는 과정이다.

3. 붙잡을 것과 놓아야 할 것을 분별하기

손에 들고 있는 것이 불필요한 고통이라면, 그건 놓아도 괜찮다. 반대로, 정말 소중한 무언가가 있다면 망설이지 말고 붙잡아야 한다. 삶은 매 순간 무엇을 붙잡고, 무엇을 놓을지 선택해야 한다. 그 선택의 기준은 무엇이 진정으로 나를 살리는가에 있다.

삶 전체를 하나로 바라보는 시선

대극성을 통합한다는 것은 결국, 삶의 모든 경험을 있는 그대로 받아들이는 일이다. 거기에는 옳고 그름도, 좋고 나쁨도 없이 그저 나라는 존재가 겪어온 다양한 선택과 태도들이 함께 놓여 있을 뿐이다. 우리는 얼마든지 흔들리면서도 중심을 잡을 수 있다. 그 중심을 잡는 힘은 삶의 가장 소박한 순간들에서 자라난다. 그렇기 때문에 우리는 특별한 어떤 상태에 도달하려는 게 아니고, 그럴 필요도 없다. 불완전한 날들을 살면서도 그 안에 머물 수 있는 힘을 기르는 것, 선명한 답이 없어도 나만의 기준을 조금씩 갖춰가는 것. 그렇게 우리는 나란 존재와, 삶을 받아들여 간다.

나가는 글

타인을 통해 열리는 나의 세계

우리는 모두 어딘가로 향하는 중이다. 아직 도달하지 않았지만, 분명 어딘가로 가고 있다. 피안彼岸이라 부르는 '저 언덕', 그곳에 이르기 위해 우리는 각자의 강을 건넌다. 배가 필요하다. '나루'는 그 배가 늘 정박해 있는 곳, 그래서 붙인 연구소 이름이 '나루'다. 거창한 포부 같은 건 없었다. 그저 피안으로 가는 어떤 한 자락, 그곳에서 숨을 고르거나 동행할 친구를 만나는 곳. 나는 그 배에 함께 타는 뱃사공쯤 되고 싶었다. 그저 그런 마음으로 시작했고, 지금도 그렇다.

    해가 쌓이고 만남이 늘면서, 이 작은 나루를 다녀간 도반들이 많아졌다. 그만큼 책임감도 커졌다. 만나는 사람 한 명한 명이 나와 같음을 느낀다. 소중하지 않은 만남이 없고, 어떤 시간도 허투루 보낼 수가 없다. 내가 이렇게 살아가는 일, 그리고 또 자기만의 생을 살아내는 사람들과의 만남은 내게 언제나 신비다. 그 신비는 감사함으로 이어진다. 그런 만남을 통해 배우고 얻은 것을 나누고 싶었다.

피안은 완전히 행복한, 이상향 같은 곳이 아니다. 성찰과 수행을 통해 번뇌의 강을 건너 닿은 고통이 없는, 혹은 고통이 덜한 '저 언덕'일 뿐이다. 치유도 마찬가지다. 상처가 흔적도 없이 사라지는 게 아니다. 그저 견딜 만해지는 것이다. 생각만 해도 여전히 시릴 수 있으나, 그것이 더는 내 생을 가로막지 않는 것이 치유다. 성숙이나 성장 역시 통달의 상태가 아니다. 아픔과 고통에도 불구하고, 하나 둘, 하나 둘, 흥얼거리며 노를 저어 나아가는 것. 그러니 너무 서두르지 말자. 어떤 완전한 상을 좇을 필요도 없다. 원래 그런 건 있지도 않으니까.

자기수용의 함정

우리가 다시 번뇌의 한복판으로 되돌아가지 않기 위해서는 피안이 '나'만을 위한 안식처가 되는 일이 없도록 해야겠다. 나는 전적인 자기수용을 지지한다. 하지만 자기수용은 '나'를 우선시한다는 점에서 자기중심성과 혼동되기 쉽다. '나는 이미 충분하다', '실수해도 괜찮다', '나는 특별하다', '내가 가장 소중하다' 같은 자기수용 훈련의 언어들은, 잘못 이해하면 심리적 개인주의로 빠질 위험이 있다.

변화의 속도가 너무도 빠르고 사적인 경험이 필요 이상으로 많이 드러나는 세상 속에서 경쟁과 비교는 어쩔 수 없는 일일지 모른다. 그러다 보니 자아상과 자존감에 입는 상처도 그만큼 더 깊어지는 것 같다. 남의 눈치를 보고, 남만큼은 해야 하고, 남에게 무시당하면 안 된다는 생각들. 하지만 이 모든 불안의 중심에는 사실 '남'이 아닌 '나'에 대한 집착이 자리하고 있다. 나는 미움받으면 안 되고, 나는 뒤처지면 안 되고, 나는 무시당하면 안 된다는 마음. 더 깊은 마음 아래에는 나는 언제나 이해받아야 하고, 나는 변함없는 사랑을 받아야 하며, 언제나 내 뜻대로 돼야 한다는 자기중심성이 흐르기도 한다. 이것이 괴로움이다.

이런 마음의 고통을 치유하기 위해 자기이해와 자기수용은 필수적이다. 의존과 회피의 패턴을 돌아보고, 얽힌 감정과 신념을 풀어내기 위해서라도 '나'를 들여다보는 작업은 너무나 중요하다. 그러나 그 과정에서 '나'에 너무 집착하면 부작용을 겪을 수 있다. 우리가 자기 자신을 더 깊이 이해하고자 한다면, 그래서 성숙하게 살고자 하는 마음을 먹었다면, '나'에게만 머물지 않도록 경계할 필요가 있다.

'너'를 통해 완성되는 '나'

자기수용이 진정한 온전함으로 이어지기 위한 핵심은 '사유'다. 여기서 말하는 사유는 성찰과 참여를 포함한다. 내 안의 욕망과 두려움을 정직하게 들여다보는 일, 그 안에 숨어 있는 자기중심성까지 인식하는 일이다. 그렇게 알아차리다 보면, 결국 우리는 타인을 생각하지 않을 수 없다.

철학자 마르틴 부버가 강조했듯이, 나와 타인은 '나-그것(I-It)'이 아닌 '나-너(I-Thou)'의 관계가 될 수 있어야겠다. '나-그것'의 관계는 '주체-대상'의 구조다. 주체의 입장에서 타인은 당연히 대상(object)으로 전락하게 된다. 이 관계 안에서 타인은 수단이나 도구, 평가의 대상이 된다. 반면 '나-너'의 관계에서는 나와 타인이 분리되지 않은 존재로 마주 선다. 우리는 결코 '나'로서만 존재할 수 없다. 그래서 우리가 하는 마음공부와 실천은 나를 있게 하는 '너'의 존재에 감사하며, 그래서 기쁜 '우리'가 되고자 하는 것이다. '나'로서만 존재할 수 없는, 오히려 '너'를 통해 '나'가 완성되는 인간의 한계이자 경이로움을 잊지 않기를 당부하고 싶다.

　의존과 회피를 오가며 우리는 종종 진짜 친밀감을 오해한다. 그러나 성숙한 관계란 '너 없인 못 살아'도 아니고, '나 혼자 괜찮아'도 아니다. 그것은 '함께 있음에도 자유로운 관계', 다시 말해 상호성이 살아 있는 관계다. 내 욕구뿐 아니라 타인의 욕구도 고려되고, 나의 한계뿐 아니라 타인의 한계도 존중받는 자리. 그 안에서만 우리는 진짜로 함께 있을 수 있다.

　자기수용에서 출발한 회복은 결국 공동체적 성숙으로 이어져야 한다. 그것은 함께 살아가는 방식을 바꾸는 일이다. 더 정직하게 연결되고, 더 느긋하게 기다리며, 더 분별 있게 책임지는 연습. 그런 삶의 자세가 익숙해질 때, 비로소 '우리'라는 것은 '형식'이 아닌 '현실'이 된다. 인간성은 결국, 자기만의 세상을 넘어서 타인과 함께 살아가려는 태도 속에서 드러난다.

　이 책에서 나는 독자와 함께 그런 여정을 세밀히 짚어보고자 했다. 나 역시 여전히 배우고 회복 중인 사람으로서, 더 나은 관계를 만들기 위해 매일 연습하고 있다. 완전한 답을 제시하고자 한 것이 아니라, 함께 걸을 수 있는 방법을 이야기하고 싶었다. 이 글이 독자에게 어떻게 읽혔는지 궁금하다. 진정 어린 자기수용과 타인수용, 변화의 동기에 작은 불씨 하나라도 더해졌다면, 그걸로 충분히 기쁘다. 그 불씨가 때로는 또 다른 누군가를 위한 힘으로 쓰이길, 함께하는 길이 되기를.

참고문헌

1 로버트 A. 존슨 지음,《당신의 그림자가 울고 있다》, 고혜경 옮김, 에코의서재, 2007.
2 아론 벡 지음,《인지치료와 정서장애》, 민병배 옮김, 학지사, 2017.
3 다니엘 서보니, 로렌스 A. 페르빈 공저,《성격심리학》, 김민희 외 3명 공역, 시그마프레스, 2022.
4 노안영, 강영신 지음,《인간이해 및 성장을 위한 성격심리학》, 학지사, 2018.
5 마르틴 하이데거 지음,《존재와 시간》, 전양범 옮김, 동서문화동판, 2016.
6 스티븐 C. 헤이스 지음,《마음에서 빠져나와 삶 속으로 들어가라》, 문현미, 민병배 공역, 학지사, 2010.
7 도널슨 R. 포사이스 지음,《집단역학》, 남기덕, 노혜경 외 4명 공역, 센게이지러닝, 2019.
8 미국 정신의학회(American Psychiatric Association) 지음,《DSM-5-TR

정신질환의 진단 및 통계 편람》, 권준수, 김붕년, 김재진 외 공역. 학지사, 2023.

9 대니얼 카너먼 지음, 《생각에 관한 생각》, 이창신 옮김, 김영사, 2018.
10 브레네 브라운 지음, 《마음 가면》, 안진이 옮김, 웅진지식하우스, 2023.
11 미국 정신의학회(American Psychiatric Association) 지음, 《DSM-5-TR 정신질환의 진단 및 통계 편람》, 권준수, 김붕년, 김재진 외 공역. 학지사, 2023.
12 알버트 반두라 지음, 《자기효능감과 인간행동》, 김의철 등 옮김, 교육과학사, 2000.
13 https://en.wikipedia.org/wiki/Self-handicapping
14 레온 페스팅거 지음, 《인지부조화 이론》, 김창대 옮김, 나남출판, 2016.
15 다니얼 골먼 지음, 《EQ 감성지능》, 한창호 옮김, 웅진지식하우스, 2008.
16 칼 구스타푸 융 지음, 《카를 융, 기억 꿈 사상》, 조성기 옮김, 김영사, 2007.
17 분석심리학자 이부영은 그의 저서 《그림자》에서 외향과 내향의 차이를 주체와 객체로 설명한다. 외향은 관심과 에너지가 객체(나 이외의 바깥의 것)를 향해 있고, 내향의 에너지는 주체(나)를 향한다.
18 존 브래드쇼는 '나됨(I aMness)'이라고 표현했고, 융 학파 분석가인 머리 스타인(Murray Stein)은 '나됨(I-ness)'이라고 표현했다.
19 칼 로저스 지음, 《진정한 사람 되기》, 주은선 옮김, 학지사, 2009.
20 브레네 브라운 지음, 《수치심 권하는 사회》, 서현정 옮김, 가나출판사, 2019.
21 토머스 머튼 지음, 《묵상의 능력》, 윤종석 옮김, 두란노. 2006.
22 제임스 홀리스 지음, 《내가 누군지도 모른 채 마흔이 되었다》, 김현철 역, 더퀘스트, 2023.

잡는 법과 놓는 법

1판 1쇄 인쇄   2025년 9월 10일
1판 1쇄 발행   2025년 9월 20일

지은이   한경은
발행처   (주)수오서재
발행인   황은희 장건태
책임편집   최민화
편집   마선영 박세연
마케팅   황혜란 안혜인
디자인   스튜디오 포비
제작   제이오
주소   경기도 파주시 돌곶이길 170-2 (10883)
등록   2018년 10월 4일 (제406-2018-000114호)
전화   031 955 9790
팩스   031 946 9796
전자우편   info@suobooks.com
홈페이지   www.suobooks.com
ISBN   979-11-93238-75-2 (03180) 책값은 뒤표지에 있습니다.

ⓒ한경은, 2025
이 책은 저작권법에 따라 보호받는 저작물이므로 무단전재와 복제를
금합니다. 이 책 내용의 전부 또는 일부를 사용하려면 반드시 저작권자와
수오서재에게 서면동의를 받아야 합니다.